GRÉGORY HAVRET

Ma vie sur les greens

AUTOBIOGRAPHIE

TALENT ÉDITIONS
115 rue de l'Abbé Groult, 75015 Paris

Photos de couverture :
© Tony Marshall / GETTY IMAGES EUROPE / Getty Images via AFP
© Donald Miralle / GETTY IMAGES NORTH AMERICA / Getty Images via AFP

Photos du livret : collection personnelle de l'auteur et © AFP

ISBN : 978-2-37815-281-9

GRÉGORY HAVRET
Ma vie sur les greens

AUTOBIOGRAPHIE

avec Antoine Grynbaum

Talent Éditions

À mes parents, Monique et Dominique,
qui ont cru en moi dès le premier jour.

DANS LA MÊME COLLECTION

Boris Herrmann - *Mon premier Vendée Globe*

Fernando Alonso - *Des Asturies à Alpine* - Biographie

Billie Jean King - *Autobiographie d'une icône*

Lewis Hamilton - *La biographie*

Arnaud Démare - *Une année dans ma roue*

Alain Bernard - *Mon destin olympique*

Guy Roux - *Confidences*

SOMMAIRE

Avant-propos **13**

1. Et ma vie a soudainement basculé… **19**

Mes conseils de golf pour la vie (1)
La routine 45

2. Dans l'œil du « Tigre » **47**

Mes conseils de golf pour la vie (2)
« Back et hit » 72

3. Une enfance pas si loin des greens **75**

Mes conseils de golf pour la vie (3)
Jouer avec un seul club sur le parcours 96

4. Vis ma vie (de rookie) sur le Tour (acte I) **99**

Mes conseils de golf pour la vie (4)
Fade ou draw ? 124

5. Ryder Cup 2018, dans les coulisses du sacre européen......... 127

Mes conseils de golf pour la vie (5)
7 secondes top chrono ! 150

6. Indomptable Masters 153

Mes conseils de golf pour la vie (6)
Entraînez-vous comme vous jouez sur le parcours 170

7. Vis ma vie (d'expert) sur le Tour (acte II)............................. 173

8. Pour un golf français encore plus fort 195

Lettre à un pote (de Raphaël Jacquelin) 203

La carrière de Grégory Havret vue par ses proches 209

Aude Havret (femme de Grégory).. 210

Matthieu Pavon (golfeur professionnel français)........................... 213

Benoît Ducoulombier (son coach historique)................................ 214

Pascal Grizot (président de la Fédération française de golf) 216

Thomas Levet (golfeur professionnel français)............................... 218

Remerciements.. 221

AVANT-PROPOS

Lorsque j'ai décidé d'écrire mon histoire, ma vie de joueur et d'homme, mes victoires sur le Tour et mes tourments, mes peurs et mes succès, j'ai pris conscience que cette introspection devait se faire sans concession. Être moi-même, me livrer tel que je suis.

Avant de plonger en détail dans mes vingt années de carrière sur le Tour européen, afin de comprendre qui je suis réellement, comment je me suis construit, des proches ont pris le temps de se confier sur ma personnalité, de livrer leurs souvenirs, les émotions partagées, les fous rires, de raconter leur Greg Havret. Voici leurs témoignages pêle-mêle.

« Quand je me souviens du petit jeune qui est arrivé sur le Tour, j'ai découvert un très bon joueur, grand, qui tapait bien », raconte Thomas Levet. « S'il nous respectait nous les anciens ? J'espère bien (rires)... Sur les parcours, il donnait toujours tout, et de notre côté, on ne lui a rien donné.

À l'Open d'Italie, j'avais perdu en play-off face à Graeme McDowell, et Greg avait fini troisième... On s'était tiré la bourre pendant deux jours... Mais le souvenir le plus cocasse se joua en Écosse quelques années plus tard, quand Greg gagna face à Phil Mickelson en play-off. Sur le trou numéro 18 du parcours de loch Lomond, avec Raphaël Jacquelin, nous étions au bord du green et nous avons vu la balle de l'Américain au bord de l'eau. Nous avions déjà débouché les bouteilles de champagne... Et là, nous nous sommes dit : "Mais non, Phil Mickelson est gaucher. En fait, il peut avancer et jouer le green." Grégory a posé son approche à 1,50 mètre du trou et il s'est imposé. Heureusement que l'histoire est belle, car nous avions déjà les bouteilles débouchées comme des coui... Nous lui faisions confiance ! »

Deux hommes ont fait franchir un cap au petit jeune du golf de Bussy que j'étais : Benoît Ducoulombier, mon coach historique, et mon préparateur mental, Jos Vanstiphout... Avec Ducoulombier, notre tandem se jouait sur du velours : « Le moment clé de sa carrière a été la rencontre avec Jos. La première fois, c'était à loch Lomond. Greg tapait bien, mais en mettait à droite et à gauche. Il pouvait être terrible au practice, très difficile à coacher. À la 400e balle, après cent coups de fer 4, le 97e était de traviole et il remettait tout en cause. À ce moment-là, je savais qu'il était prêt à gagner de gros tournois. Jos a discuté avec lui cinq minutes. Sur le coup, ça ne lui a pas parlé. Il ramenait tout à la technique. Un an après, au même endroit, au même moment, Jos l'a pris à part, et il a gagné face à... Mickelson. » Mon coach précise un peu plus notre mode de fonctionnement qui aurait pu paraître un brin étrange à certains : « Parfois, Vanstiphout venait me voir au practice : "Laisse-moi encore cinq minutes et puis tu t'en occupes." Quand je lui faisais signe, il venait, je m'éclipsais. Une seule fois, son préparateur mental n'a pas réussi à le remettre dedans. "Écoute, Benoît, je n'y arrive pas aujourd'hui, m'a dit Jos. Donne-lui un os technique à ronger pour lui occuper le cerveau !" »

Matthieu Pavon, grand espoir du golf français et joueur confirmé du Tour européen, a croisé ma route assez jeune. Il me décrit sans trop se faire prier : « Grégory est quelqu'un de très imposant par sa grande taille, mais qui cache une vraie sensibilité. Il est toujours nickel sur lui, très présentable, très pro, mais sait aussi se lâcher avec ses amis. On avait passé une super soirée en Andorre avec Benjamin Hebert et Romain Langasque. On avait écouté NTM et IAM, du gros rap français. Ça avait été très fun de voir Greg chemise ouverte balancer du rap ! » Puis le fils de Michel Pavon, ancien footballeur passé par les Girondins de Bordeaux, poursuit : « Clairement, il a été l'un de mes mentors, il m'a poussé à devenir golfeur professionnel. Il est arrivé à Bordeaux quand j'avais dix-huit, dix-neuf ans, et j'ai eu la chance de le caddeyer (faire le caddy) à l'Open Schweppes au golf du Médoc. J'avais passé une semaine avec lui et à la fin, il m'avait très gentiment proposé de prendre un club dans son sac. Il voulait me faire un cadeau. Malgré notre différence d'âge, j'ai vraiment senti une relation très amicale, pas juste "je donne un peu de temps au petit jeune, et je rentre chez moi." »

« Le projet Ryder Cup 2018 au National nous a rapprochés », affirme Pascal Grizot, président de la Fédération française de golf et grand artisan de l'organisation de la compétition sur le fantastique parcours de l'Albatros. « Quand on a décidé de candidater en 2008, j'étais allé à Wentworth (l'un des plus gros tournois de l'année) pour en parler aux pros français, Jacquelin, Havret et Levet. Et pendant la campagne, Greg a certainement été le plus en relation avec moi, me donnant des infos en *inside* des autres candidatures (Espagne, Portugal, Suède, Hollande et Allemagne)… Grégory était bien informé *via* ses copains joueurs dans chacun de ces pays. Cela a été capital pour moi, notamment au moment où l'on me disait que les Portugais étaient sûrs de gagner dans les derniers mois, alors qu'il fallait trouver des contre-propositions à même de les contrer. »

La Ryder Cup, Tiger Woods, Rory McIlroy, cette folle semaine, je l'ai vécue de l'intérieur, et vous comprendrez certaines des raisons ayant abouti à la débâcle américaine…

Mais me livrer, c'est aussi évoquer ma femme, mes trois enfants, mes parents, ce père que je n'oublierai jamais et qui a un jour demandé à Benoît, mon entraîneur : « Promets-moi de toujours t'occuper de mon fils... » Ce fiston, devenu golfeur professionnel, qui va vous raconter SON PARCOURS.

1

ET MA VIE A SOUDAINEMENT BASCULÉ…

Dans mes rêves les plus fous, je ne l'aurais jamais imaginé. Du début jusqu'à la fin, mon US Open 2010, improbable et inattendu, est digne d'une série à rebondissements.

Qui aurait pu penser voir le 391e golfeur mondial jouer la gagne le dernier jour, face à Tiger Woods et les cadors mondiaux ?

Mais en attendant de vous raconter dans le détail, avec des anecdotes inédites, cette folle journée du 20 juin 2010, petit retour en arrière, un mois plus tôt.

Pas vraiment convaincu, je me suis inscrit aux qualifications de ce prestigieux Majeur (il y en a quatre dans la saison, l'équivalent des tournois du Grand Chelem en tennis). Je sortais d'une mauvaise année 2009, mais avec l'objectif d'aller aux États-Unis, à Pebble Beach, l'un des trois plus beaux parcours du monde. Je rêvais d'y jouer depuis tout jeune… Un golf dessiné par les dieux. L'immense Jack Nicklaus (recordman américain de victoires en Majeur) a avoué vouloir jouer « la dernière partie de sa vie à Pebble Beach »… À une heure de route de San Francisco, on y accède par la 17-Mile Drive, une route touristique qui offre de spectaculaires points de vue sur la péninsule de Monterey. Elle serpente certainement au paradis des golfeurs puisqu'elle mène à trois ou quatre des plus grands golfs de la planète (Cypress Point, The Links at Spanish Bay, Spy Glass Hill Golf Course et Monterey Peninsula).

La sinistrose. Mon début de saison 2010 ressemblait à la fin 2009, très moyen, pour ne pas dire plus. Avant de disputer les qualifications pour l'US Open mi-mai à Walton Heath (près de Londres), j'ai joué mon dernier tournoi, à Londres, sur le parcours de Wentworth, surnommé « Flag ship tournament », soit le tournoi plus important du Tour européen, le plus doté, sur un parcours de rêve.

À Wentworth, j'ai passé le cut, mais terminé dans les derniers du classement… Une mise en jambes bien médiocre, dans l'anonymat le plus total. Mes « qualifs » de l'US Open ne s'annonçaient donc pas de la meilleure des manières… Pour autant, je ne me laissais pas abattre. Pas mon genre. Assez confiant, j'étais prêt à saisir ma chance. C'était une opportunité incroyable. J'avais la ferme intention de participer à un nouveau Majeur après mes British Opens 2007 et 2008, et l'USPGA 2007.

Le dimanche, j'ai quitté Wentworth en voiture, direction Walton Heath, accompagné de mon fidèle caddy, Garry Mélia, un Anglais de Liverpool, fan des Reds, avec qui j'ai passé neuf saisons et disputé environ 250 tournois... Plus qu'un caddy, un ami, confident, présent dans les grands et beaux moments, comme les plus délicats, avec qui j'ai encore aujourd'hui une certaine proximité, même si nous ne travaillons plus ensemble... Un caddy qui m'avait caché un secret bien encombrant, j'y reviendrai plus tard.

Il planait comme un léger malaise, non pas que la conduite à gauche ne me cause de soucis. J'avais déjà conduit en Angleterre à de nombreuses reprises. Le problème se situait ailleurs : arrivé tardivement le dimanche soir à l'hôtel situé dans l'hippodrome réputé pour accueillir la fameuse course du « Derby », comparable à l'Arc de Triomphe outre-Manche, je n'avais pas pu faire de partie de reconnaissance sur le parcours. J'allais donc jouer sans aucun repère, dès le lendemain matin, 8 heures. Trente-six trous à faire dans la journée, et sur une centaine de joueurs, seuls les dix premiers pourraient s'envoler pour San Francisco.

Ma journée fut plutôt ro-cam-bo-lesque, avec deux parcours au programme. Je partis sur le plus difficile des deux, un links « *in land* » en opposition avec les links « *classics* » en bord de mer. Mais qu'est-ce qu'un links ? Un parcours typique des îles britanniques où le jeu de golf va s'adapter à la nature… Des parcours sauvages, sans arbres, avec beaucoup de vent, des dunes et des buttes, une herbe naturelle assez haute qui borde les fairways…

Dans notre sport, nous sommes confrontés à deux grands types de parcours : à l'américaine, le « *target golf* », et les links particulièrement présents au Royaume-Uni. La différence entre les deux ? Dans le « *target golf* », on part d'un terrain que l'on adapte au dessin des trous… Et le links l'inverse : le dessin du parcours s'adapte à la nature. Sur les links, on va souvent jouer des balles basses et qui roulent, créer des trajectoires par rapport au vent, s'adapter aux conditions. Sur le « *target golf* », on va plutôt jouer des coups stéréotypés : des balles assez hautes qui pitchent et roulent peu. Dans le « *target* », on cible, alors que sur les links, on va jouer des zones, essayer d'utiliser des buttes pour ramener la balle vers l'objectif.

Carnoustie et Pebble Beach ont toujours été mes links préférés, loch Lomond, mon « *target* » préféré en Écosse… Les links ne sont pas l'apanage de la Grande-Bretagne. On en trouve un peu partout, notamment en France, au Touquet, à Granville ou à Dinard par exemple. Le links ressemble un peu à un toboggan, avec des rebonds, et peut d'ailleurs être assez frustrant. On doit parfois compter sur sa bonne étoile pour s'en sortir, à tort ou à raison. On peut y sortir de mauvaises cartes avec de bons coups et de bonnes cartes malgré de mauvais coups. Inenvisageable sur le « *target golf* » !

Pour les qualifs de l'US Open 2019, sur le premier parcours de Walton Heath, je finis à - 6, en jouant très bien, dans une partie avec Peter Hedblom un copain suédois. Très peu d'erreurs, un bon petit jeu, ma partie fut à l'opposé de la veille à Wentworth... Comment l'expliquer ? Problème de sommeil, d'échauffement, de concentration... Difficile d'expliquer comment la belle mécanique peut parfois se gripper. Et à l'opposé, difficile d'analyser les ingrédients d'une belle performance. Il suffit d'un rien pour basculer d'un côté comme de l'autre. Un - 8 un jour et le lendemain un désolant + 2... Parfois, on le provoque, quand on ne se sent pas bien, on change un détail technique, en le travaillant au practice quelques heures. Et les résultats suivent. Et parfois, c'est indépendant de toute volonté. Les jours se suivent et ne se ressemblent pas forcément dans notre sport.

Avec mon - 6 du premier parcours, je ne dominais pas le classement, mais là n'était pas l'essentiel. Il fallait finir dans les dix premiers. Cela allait certainement se jouer entre - 6 et - 8 à l'issue des deux tours. J'avais tout lieu de me réjouir de ma super entame sur le parcours le plus délicat. J'ai terminé assez tôt vers 12 h 15, 12 h 20. Je disposais d'une heure pour manger avec un menu assez light au programme : saumon, pâtes, salade… Avant de repartir l'après-midi, je me suis entraîné 15 à 20 minutes, à base de petit jeu et de putting mais pas de jeu long, le practice étant trop éloigné.

Malheureusement, le deuxième parcours, plus simple sur le papier, se déroula moins bien. Je n'étais pas parvenu à réaliser les quelques birdies d'entrée qui m'auraient permis d'envisager la suite plus sereinement. Je connus une partie dans le dur, contrairement au matin. Au départ du trou numéro 18, j'étais + 1 sur l'après-midi. J'en étais quasiment sûr : si je ne faisais pas le birdie, je n'irais pas à Pebble Beach. Il n'y avait pas de tableau d'affichage autour de nous, je ne savais pas très bien où se situait la concurrence mais je le sentais, à l'instinct.

Le 18 était un par 4. Sur ma mise en jeu, j'ai sorti un bon drive de 250 mètres… Avec un bon coup de driver, la suite s'annonçait plus simple. Sur mon attaque de drapeau, il me restait environ 100 mètres. J'ai pris mon 52 (sand-wedge). Le mat se trouvait au fond à droite de ce green à double plateau… La balle est sortie très moyennement de mon club. Elle a atterri six ou sept mètres trop court, juste au-dessus de la cassure, et avec l'effet rétro, est redescendue à vingt mètres du drapeau, sur le plateau du bas. Un putt longue distance à rentrer, bon courage…

Et si je le loupais, c'en était terminé de mes espoirs. C'était un putt avec plateau un peu gauche droite délicat. Je me suis concentré comme jamais dans mes routines, sans m'affoler. Et mes mains n'ont pas tremblé, j'ai rentré la balle avec une belle assurance ! L'un des putts les plus importants de ma vie, avec certainement l'US Open à la clé... Grâce à ce birdie au 18, j'ai terminé dans le par sur ce deuxième parcours, et donc à - 6 pour le total de la journée. Je partis confiant à l'enregistrement des cartes, le *recording*.

Arrivé devant le tableau d'affichage, j'ai quelque peu déchanté. Je me suis rendu compte que mon cas était limite. Si je passais, ce serait sans doute à l'issue de play-offs, mais ça pouvait le faire. J'étais notamment à égalité avec un autre Français, mon pote Jean-François Lucquin. Nous avons attendu fébrilement ensemble la fin des dernières parties pendant plus d'une heure. Un bien beau supplice avant que les résultats définitifs ne tombent. Nous étions en play-offs lui et moi... Mais nous n'étions pas seuls, loin de là. Restaient en lice sept prétendants pour six places.

Quatre joueurs partiraient devant nous sur le trou numéro 1, et nous formerions une dernière partie de trois joueurs. Un petit jeu à élimination directe où le moins bon des sept sur ce trou numéro 1 serait privé de billet pour l'US Open. Avec Jeff Lucquin nous avions l'avantage de jouer en dernier, en connaissant les performances de quatre de nos adversaires.

Le green du 1, un petit par 4 de 240 mètres, était drivable du départ. Sur ce trou, avec le driver, c'était assez dur de laisser la balle sur le green mais ensuite, il n'y avait qu'un chip à jouer.

Les résultats des quatre premiers golfeurs nous ont rajouté une bonne dose de pression : 3 birdies et 1 par.

Quand vint mon tour, je ne me facilitai pas la tâche. J'expédiai ma balle directement dans le bunker de green. Pas rédhibitoire mais compliqué pour la suite. Jeff Lucquin s'en était un peu mieux sorti pour son premier coup. Sa balle se trouvait non loin de la mienne, mais dans l'herbe. Quant à Karlberg, le Suédois qui nous accompagnait, il avait expédié sa balle à 15 derrière le green. Pour le deuxième coup, il joua en premier, pour se positionner à 8 mètres du drapeau. Ma sortie de bunker fut tout à fait correcte puisque je me retrouvai à 5 mètres du trou. Jeff fit mieux en faisant rouler sa balle à 3 mètres du drapeau. Le Suédois rentra ensuite son putt, qui me fit mal à la tête. Birdie pour lui. Je ne devais pas me rater. Je rentrai mon putt de 5 mètres. Birdie, j'étais qualifié ! Je suis resté dans la mesure. Je ne me suis pas abandonné dans une célébration à la footballeur. J'ai sobrement levé le poing, car mon ami Jeff allait putter derrière. La tension ne retomberait que s'il rentrait son putt de qualification, ce qu'il fit comme un grand ! Et là, il se mit à hurler, à sauter comme un cabri sur le green, se jetant dans mes bras, « On y va, Greg, on y va ! », avant de ramasser sa balle et la jeter dans le public. En cherchant bien, on peut retrouver cette scène mémorable sur YouTube. Je ne m'en lasserai certainement pas, même quand je serai grand-père avec des cheveux blancs.

Au-delà de la partager avec mon pote, cette qualification avait une saveur particulière. À mes yeux, jouer un US Open à Pebble Beach, c'était un peu l'équivalent du British Open à St Andrews (Écosse), la Mecque du golf, plus vieux parcours au monde. Pour simplement jouer sur ce parcours mythique, comptez entre un an et demi et deux ans d'attente !

Enfin, j'étais de retour aux États-Unis… Lors de mon tout premier séjour outre-Atlantique en 2007, j'avais découvert le PGA Tour, et la manière dont les Américains organisent un tournoi… Des étoiles plein les yeux, comme un enfant à Disney, j'avais joué deux tournois. Une semaine avant l'USPGA 2007, j'avais disputé le Bridgestone à Akron, où sont nés LeBron James et Stephen Curry, à côté de Cleveland. Le Bridgestone, un tournoi estampillé World Golf Championship, fait partie d'une série de quatre tournois qui se situent juste derrière les Majeurs et le Players Championship en termes de notoriété. C'est au cours de l'un de ces tournois, en 2014 en Arizona, que le Français Victor Dubuisson écrivit une page mémorable du golf tricolore. Il ne s'inclina qu'en finale contre l'Australien Jason Day après avoir joué quelques coups d'anthologie. Et le PGA Tour, le circuit américain ? C'était le paradis. Quelqu'un qui vous attend à l'aéroport avec une clé de voiture, un gros 4x4, le même pour tous avec les adresses nécessaires déjà enregistrées dans le GPS. Tout y était facile, dans une organisation sans faille.

Quand tu arrives au golf, tes trois paires de chaussures t'attendent dans ton casier au milieu de cadeaux, de sacs, bouteilles de vin... Tout est fait pour passer une semaine de rêve, avec un souci du détail inégalé. Les zones d'entraînement sont exceptionnelles. Tu signes des autographes à longueur de journée...

Trois ans après ma première expérience américaine, avant de m'envoler vers la Californie et Pebble Beach 2010, j'ai joué mon dernier tournoi du Tour européen, sur un autre parcours mythique, à Celtic Manor, ayant d'ailleurs accueilli la Ryder Cup 2010 avec victoire européenne, obtenue le lundi à cause d'intempéries toutes britanniques... Au Pays de Galles, j'ai raté le cut à peu de choses près. J'ai donc pris une décision très importante qui s'avérera payante : ayant mal putté toute la semaine avec un petit putter (classique), j'ai donc décidé de ressortir mon Belly (putter avec un long manche, à l'époque autorisé, que l'on cale dans le nombril). En 2016, il sera interdit d'ancrer un club dans son corps. Pas forcément une mauvaise décision, mais quand vous avez putté comme ça toute votre vie, et qu'on vous l'interdit, cela devient un handicap. Il faut réapprendre à putter différemment et pour moi, ça a été le cas : effacer tout ce que j'avais appris, me réentraîner au petit putter alors que je n'y avais plus touché depuis six ou sept ans. Le fond de l'interdiction, je le comprenais, mais autoriser puis interdire restait inéquitable. Par exemple, Keegan Bradley a putté toute sa vie avec un Belly-putter... Si on le lui avait dit à ses débuts, il n'aurait pas perdu toutes ces années à travailler quelque chose qui serait interdit plus tard... Quoi qu'il en soit, j'ai conservé mon Belly-putter... sans l'ancrer sur mon abdomen.

Le putting a toujours été mon talon d'Achille. Le changement de règle m'a fragilisé sur une zone de jeu dans laquelle j'avais trouvé un certain équilibre grâce au Belly, et avec laquelle je m'étais imposé sur le Scottish Open 2007 et le Johnny Walker Championship 2008.

Bref, début juin 2010, je suis rentré à Paris avec mon Belly-putter, et j'ai décollé le samedi soir pour San Francisco avec mon sac plein d'espoir, sur mon nuage, impatient d'aller jouer un US Open à Pebble Beach, sans imaginer une seule seconde ce qui m'attendait.

San Francisco-Pebble Beach, deux heures en voiture. Les organisateurs m'avaient prêté une magnifique Buick. Nous avons fait la route avec l'un de mes meilleurs amis,

Jean-Damien Yvet. On accède au golf par une route privée qui longe le Pacifique. Bordée de cyprès, elle offre des panoramas somptueux sur une côte rocheuse aux faux airs de Bretagne. Les goélands en nombre étaient là pour nous rappeler le côté sauvage de l'endroit. Le vent marin omniprésent me fit penser que cela n'allait pas être facile de jouer ici. Et me voilà projeté dans le paradis des golfeurs, un links posé tout au bord du Pacifique, considéré comme le plus beau golf au monde. De grands joueurs s'y sont imposés comme Jack Nicklaus, Tom Watson, Tiger Woods, certaines parties y sont devenus mythiques.

Excité comme un gamin, j'ai découvert le parcours le lundi avec mon compère de qualif, Jeff Lucquin. Je ne souffrais pas vraiment du décalage horaire, habitué à me coucher tard ou tôt, selon les impératifs des compétitions. Le jet-lag, c'est un peu toutes les semaines chez les golfeurs. Parfois, tu joues à 6 h 30 du matin, parfois à 16 heures (British) et tu dois adapter ton sommeil en conséquence. Loin d'être évident.

Même si nous étions dans la découverte d'un parcours, d'un lieu et d'une histoire, avec Jeff, nous nous sommes entraînés avec sérieux et application. Les deux seuls Français au départ, nous avions pleinement conscience de la chance qui nous était donnée. Je ne partageais pas ma chambre avec Jean-François Lucquin, mais avec Jean-Damien, professeur de golf en Suisse. Il était venu passer la semaine avec moi dans un hôtel à vingt minutes du golf, dans la ville de Carmel-by-the-Sea, dont le maire, multi-oscarisé, star d'Hollywood et golfeur à ses heures perdues, avait la petite balle blanche dans sa « ligne de mire »… Clint Eastwood, maire de la petite ville où je dormais avec vue sur la mer, pour prolonger le rêve, dans une séquence où la réalité dépassait la fiction.

Jeudi 17 juin 2010, le grand jour. J'étais au départ du 1 le matin, tel « Pale rider, le cavalier solitaire (de Clint Eastwood) ». J'avais très bien dormi, bercé par la musique de l'océan Pacifique. Avec mon caddy Garry, nous avions mis au point une stratégie assez conservatrice adaptée à un parcours si exigeant : en cas de mauvais coup sur un trou, je ne prendrais pas de risques démesurés pour aller chercher le birdie à la suite. Je pourrais me contenter d'un par ou bogey.

À Pebble, les greens étaient tous petits et durs (en mode carrelage avec une balle qui rebondit et prend très peu d'effet rétro)… Il fallait la jouer à l'anglaise, un peu comme sur un links, avec ses roughs hyper épais, et son parcours étroit.

Mais il y avait un autre écueil de taille : rester concentré et ne pas se laisser happer par la beauté et la majesté du paysage. Les trous 4 au 10, collés au Pacifique, avec des falaises incroyables peuvent parfois inciter à la contemplation… Beau et spectaculaire.

Le premier trou du parcours était un par 4 assez simple de 350 mètres. Une bonne mise en jambes pour tous les 156 compétiteurs engagés. Un hybride à la main pour faire 220 mètres et ensuite taper un fer 9 pour parcourir 140 mètres…

À l'issue du premier tour, je m'en sortis honorablement, avec une carte de 73, soit + 2 au-dessus du par… J'avais respecté à la lettre ma stratégie et les birdies sont tombés au bon moment. Certes, je terminais au-dessus du par mais la journée restait plutôt positive. Le cut à la fin de la deuxième journée se jouerait certainement assez haut sur ce tracé si exigeant, autour de + 6 ou + 7. J'étais donc tout à fait dans le coup.

Le vendredi, mon départ était programmé assez tard dans l'après-midi. En me levant, j'ai allumé la télévision pour regarder la retransmission de l'US Open. Pendant que je petit-déjeunais, d'autres ferraillaient déjà sur le parcours. En immersion totale. Cet espionnage télévisuel était intéressant à plus d'un titre. Quelles étaient les conditions météorologiques sur place ? Où étaient placés les drapeaux sur les greens (leur emplacement est systématiquement changé d'un jour sur l'autre) ? Quelles étaient les pentes des greens ? Quelles étaient les erreurs à ne pas commettre ? Il faut dire que la réalisation de la télévision américaine était assez léchée, malgré les incessantes coupures publicitaires. Et puis cela me laissait du temps pour me relaxer avant mon départ de l'hôtel… Je gardais évidemment un œil sur la prestation de mon pote Jeff Lucquin… Très bien placé après 27 trous, il lâcha malheureusement sur les 9 derniers et ne passa pas le cut…

Je me sentais mobilisé comme jamais. Il allait falloir me battre sur tous les coups, rester concentré, tenter de me hisser à mon meilleur niveau pour aller titiller les cadors américains et européens. En cette deuxième journée, le passage du cut représentait mon objectif. Je ne me voyais pas repartir en Europe, frustré après avoir joué seulement 36 trous. Inenvisageable !

Après vingt minutes de voiture avec mon pote Jean-Damien, je me suis lancé dans un échauffement sérieux de plus d'une heure. Je respectai ma routine avec une progression *crescendo* dans l'intensité. Pour commencer, ce furent dix minutes d'indispensables mouvements et étirements pour chauffer la machine : poignets, épaules, hanches, lombaires. Toutes les « zones golfiques » y sont passées. Ensuite, direction le practice pour des petits coups de 30-40 mètres, avant d'allonger la distance et de terminer par des swings complets. Et j'ai bien entendu terminé par du putting sur le green d'échauffement.

Et me voici au départ après une heure dix de mise en route. Quels souvenirs garder de mon vendredi à Pebble Beach ? Une journée appliquée, sérieuse et structurée. Deux birdies, 2 bogeys, et 10 pars consécutifs du 9 au 18 pour une carte dans le par… Peu d'occasions franches, des greens en régulation (atteints pour jouer le par), et quelques chips-putts pour sauver le par, sans vraiment être en difficulté mais avec à l'esprit l'échec de Jean-François Lucquin éliminé après deux tours. Je me devais de poursuivre l'aventure un peu pour lui aussi.

Sur ces deux premiers jours, j'ouvrais des yeux de gamin sur les passages 6-7-8, trois trous majestueux sur les falaises dominant le Pacifique. Un par 5 assez court puis un petit par 3 mythique de seulement 85 mètres, diabolique avec son petit green en mode « carrelage », extrêmement rapide avec beaucoup de rebonds, et un vent démoniaque bien difficile à décrypter. Le trou numéro 8 était un par 4 tout aussi mythique avec un deuxième coup à jouer au-dessus d'un bras de mer donnant dans le vide… Visuellement très impressionnant mais techniquement moins extravagant. Pour prendre le green, il fallait jouer un coup de fer 6 autour de 160 mètres. Ce jour-là, sur cet enchaînement de légende, je tirai mon épingle du jeu avec un birdie au 6, le par au 7 et un bogey sur le 8. Je ne m'étais pas laissé dominer par cet océan Pacifique omniprésent.

Au final, j'ai sorti deux très bonnes journées, avec une carte totale en + 2. Suffisant pour passer le cut et poursuivre le rêve californien deux jours de plus. J'étais surtout dans le top 60 de l'US Open 2010, moi le petit Français totalement inconnu aux États-Unis… J'occupais une superbe 13e place à cinq points du leader irlandais Graeme McDowell. Le minimum de mes objectifs était atteint. S'ouvrait alors le week-end de tous les possibles. Du bonus ! Bien relâché, je pouvais indéniablement rêver plus grand, grimper le plus haut possible dans la hiérarchie. Personne ne m'attendait, je devais en profiter…

Le soir, j'ai célébré mon cut en engloutissant un bon burger-frites avec mes parents venus me soutenir. J'étais si heureux de les avoir à mes côtés. Ils s'entendaient super bien et me diffusaient des ondes positives, sans trop parler de golf. Ils se montraient très admiratifs pour mon jeu mais ma pudeur naturelle me poussait à ne pas m'appesantir sur mes bons résultats et la chose golfique. Après tout, je n'étais qu'au milieu du gué, à la mi-temps. Je devais rester concentré et ne pas me lancer dans de grandes discussions sur mes coups ou ma stratégie. Mes parents l'ont bien compris et nous avons parlé d'un peu tout et rien dans une belle atmosphère bienveillante.

À l'époque, ma fille Jeanne allait sur ses quatre ans. À cause du décalage horaire, je lui parlais le mercredi et le week-end uniquement. Sa présence me manquait énormément. Bien sûr, en tant que sportif de haut niveau, toujours sur la route, je m'étais forgé une carapace. Mais en ces instants si particuliers de l'US Open, j'avais une petite boule au ventre. J'imagine qu'elle pâtissait aussi de mes absences. Peut-être un jour, en parlerai-je avec elle, mais elle l'a sûrement assimilé. Son papa travaillait et s'épanouissait dans un métier passion. Était-ce égoïste ? Quelque part certainement, mais je m'étais construit ainsi. Dans la vie, il faut s'adapter, faire des sacrifices d'une manière ou d'une autre. Avec Jeanne, les moments à deux se faisaient rares. Ils en étaient d'autant plus précieux.

Loin d'être simple de concilier vie familiale et carrière sportive, mais ce samedi à Pebble, je me sentais heureux, bien dans mes baskets, satisfait d'être en si bonne position dans un Majeur, d'avoir passé le cut dans une saison assez compliquée...

À l'issue des deux premiers tours, j'étais + 2 et jouais en début d'après-midi le samedi. Je ne me fixais aucun objectif si ce n'était de développer mon jeu le mieux possible, de garder un état d'esprit irréprochable. Les résultats ne pouvaient que suivre. Je devais m'appuyer sur les points forts de mon jeu (prendre les fairways avec mon driver, atteindre les greens en régulation, bien putter les petites distances)... Dans ma carrière, j'ai souvent cherché à taper plus fort que de raison. En moyenne, avec un driver, j'envoyais ma balle à 250 mètres. J'aurais bien aimé atteindre les 270 mètres. Gagner 20 mètres, un bel objectif mais qui nécessitait un travail colossal : muscu, fitness, gestion différente des entraînements, changement d'état d'esprit... Pour gagner ne serait-ce que 3 ou 4 mètres de moyenne, c'était déjà un gros boulot alors 20, je n'en parle même pas.

Quitte à déplaire à certains, ce qu'a fait Bryson DeChambeau m'impressionne. Passer de 265 à 310 mètres… Quelle performance, quelle remise en question ! DeChambeau a dû changer complètement sa manière de voir les choses, de s'entraîner et se mettre en danger alors qu'à ce moment-là, il faisait déjà partie des meilleurs du monde, certes sans avoir encore gagné de Majeur. Il a pris un gros risque et cela a payé puisqu'il a ensuite gagné l'US Open 2020. Après, sur la durée, a-t-il eu raison ou tort ? Ses résultats futurs parleront pour lui, mais son raisonnement a été assez logique. Si l'on prend les statistiques des dix plus longs frappeurs du golf mondial, en l'opposant aux dix joueurs les plus précis au départ, il n'y a pas photo au niveau des résultats et de leur *prize money*.

Les gains en tournoi des gros frappeurs sont cinq à six fois plus importants que ceux des joueurs plus précis comme moi. À un moment, deux choix se sont offerts à moi : faire une « Bryson » toutes proportions gardées, et me mettre en danger en acceptant une transformation physique… ou améliorer encore mes stats de prise de fairway au drive et travailler mes points forts pour certes rester un ton en dessous des meilleurs mondiaux, tout en restant compétitif.

Chez les fines gâchettes, Kevin Kisner ou Francesco Molinari ont obtenu de gros résultats (l'Italien a notamment remporté The Open 2018)… Pour ma part, j'ai essayé de gagner un peu plus de distance, mais sans vraiment faire le travail nécessaire, dans une sorte d'entre-deux. Et l'entre-deux, cela marche moyennement…

Bref, ce samedi à Pebble, empreint de sérénité, je n'ai pas changé un iota à mon plan de jeu de la veille. Je dominais mon golf, et typiquement, cette semaine-là, je n'ai pas pensé à la distance au driving. Difficile de jouer jour après jour face à des adversaires qui te mettent 20, 30 ou 40 mètres. À la longue, ce différentiel me pesait, consciemment ou inconsciemment.

Petite illustration : si je jouais avec Nicolas Colsaerts (vainqueur de l'Open de France 2019 et joueur de Ryder Cup), il allait être devant mois quatorze fois sur quatorze drives joués. Dans son domaine, je ne pouvais pas le battre. Mais dans ses bons jours, il pouvait rivaliser avec moi sur mes points forts du jeu de précision et du petit jeu. Psychologiquement, il prenait le dessus d'une certaine manière. En résumé, quand tu es 30 ou 40 mètres derrière toute la journée, tu en prends un coup au moral. Le jour où le frappeur joue bien, tu n'as donc aucune chance.

Cette situation s'accentue par le fait que les parcours ne sont pas assez pénalisants pour les gros frappeurs. Moi, je suis en plein milieu du fairway, et mon adversaire est 40 mètres plus loin avec un drive affreux, mais bien placé, dans un rough qui n'en est plus un, là où les spectateurs ont piétiné l'herbe, avec une bonne attaque de green en deuxième coup… Et dans un tournoi, il vaut mieux être parfois 20 mètres à droite du fairway, louper large, plutôt qu'à 2 ou 3 mètres avec un gros rough (coupe d'herbe) et mauvais lie (positionnement dans l'herbe ou le sol).

Ce samedi à Pebble, j'étais à mille lieues de tout cela. Tout fonctionnait à merveille. Ce fut sans doute ma meilleure journée de la semaine : pas d'erreurs, beaucoup de fairways, de greens, même si j'en manquais parfois bien évidemment.

Petite illustration avec le trou numéro 14 où il ne fallait surtout pas se retrouver derrière le green, sous peine d'avoir un chip très difficile à jouer, à faire mourir en haut de la butte pour rester sur le green (tout en descente)… Une sorte de cuvette qui obligeait à doser sous peine de redescendre de l'autre côté du green.

J'ai décidé de jouer un petit fer 8 roulé, et là, ma balle est partie trop fort, un peu comme avec un fer 7 roulé. Elle a accéléré et elle a pris le… drapeau ! Birdie ! *In the hoooole !* Le bon tournant… Au lieu de me retrouver avec un probable bogey, j'ai gagné deux points… Une journée fantastique dans une partie à deux avec Scott Langley, un jeune Américain très sympa… Nous discutions volontiers, la partie était agréable, ce qui m'aida énormément ce jour-là… Tout au long de ma carrière, j'ai beaucoup plus performé quand les parties se jouaient dans une bonne ambiance. À l'inverse, j'ai rarement bien joué dans des parties tendues, avec des adversaires peu aimables ou que je n'appréciais pas. Prenons Padraig Harrington, par exemple ! Non pas que je détestais l'homme, mais ses parties étaient toujours très intenses, il mettait 150 % d'intensité sur chaque coup et quand je jouais avec lui, j'éprouvais des difficultés à me concentrer, à me mettre à son diapason.

Il y a également une autre catégorie de joueurs qui m'a parfois pesé : les golfeurs lents.

Souvent impénétrables, dans une bulle, prenant beaucoup de place. Pas facile de jouer avec Ian Poulter ! Bien sûr, il a un vrai charisme, prend de la place dans une partie avec son aura mais il en rajoute aussi... Sympa, pas sympa, je m'en moque mais ils prennent trop de place et avec eux, je ne me sens pas à l'aise. Dans notre communauté de golfeurs français sur le Tour, nous adorons nous chambrer et nous titiller sur les points faibles des uns et des autres. Et dans le genre, je prends mon temps pour lire la carte du resto et surtout mes lignes de putt, Christian Cévaër était notre champion toutes catégories. Il faut dire que nous n'allions pas nous aventurer à le charrier sur son petit jeu ou sur son putting, juste légendaires.

Partager ce samedi de l'US Open avec ce jeune Américain me ramena à mes débuts, une sorte de parenthèse rafraîchissante dans cette journée ensoleillée. J'ai réalisé des pars aux 15-16 -17 avant de me retrouver au départ du 18, face à ce trou magique, l'un des 10 trous les plus mythiques, ce par 5 magnifique avec le Pacifique sur la gauche, l'envie de s'y baigner malgré l'eau froide et les phoques en contrebas… Une eau apparemment trop froide pour les requins, mais les grands fauves du golf, eux, sont prêts à tout arracher pour s'imposer dans ce décor féérique. Par jour de grand vent, les vagues viennent même s'échouer sur le départ et le fairway. Impressionnant à voir et ardu à jouer : au driving, l'idéal consistait à couper au-dessus du Pacifique et de la plage, surtout par vent gauche droite, ce qui est le cas neuf fois sur dix sur ce dogleg gauche (trou qui tourne à gauche), un par 5 assez court de 500 mètres.

Au départ, je n'ai pas adopté la trajectoire la plus risquée mais décidé de marger un peu plus à droite… Ce ne fut pas un drive extraordinaire, mais je ne perdis pas ma balle dans le Pacifique ! Je me retrouvai dans le rough de droite… Une position de balle moyenne, et un lie très moyen m'empêchant d'attaquer le green en 2, j'ai décidé de jouer la sécurité avec un fer 8 pour faire 140 mètres… Et ma balle est sortie un peu à gauche. Encore un coup moyen… La face de mon club s'était refermée à cause du gazon assez haut. Je me retrouvai dans le bunker de gauche, avec encore 130 mètres et un fer 9 à jouer… Bonne position, coup correct, mais en pitchant un peu plus loin que prévu, ma balle termina derrière le green. Je m'y dirigeai d'un pas résolu. Je m'en souviens comme si c'était hier, j'aperçus le gigantesque tableau d'affichage avec les dix premiers du classement général. Impossible de le louper. Je vis que Tiger Woods avait fait 65 un peu plus tôt dans la journée. Je verrais plus tard son coup mythique du 18, l'un de ses plus grands coups (il y en a tellement). Sa balle se trouvait derrière un arbre et il effectua un slice de dingo pour prendre le green en 2 !

J'ai observé le classement quelques secondes tout en faisant mes petits calculs. Si je faisais un chip pour me positionner correctement sur le green, suivi d'un putt rentrant, je jouerais avec le Tigre le dimanche en avant-dernière partie ! En clair, l'un des chip-putts les plus importants de ma carrière. La chance de ma vie, un dernier tour avec Tiger Woods à l'US Open, devant les caméras du monde entier... J'avais conscience de figurer dans les dix premiers depuis le 12, 13... C'était bien installé dans ma tête, mais là, en fixant l'énorme tableau d'affichage installé derrière le green, ça m'a explosé aux yeux. Je vis mon nom au quatrième rang. Il n'y avait plus qu'une seule chose à faire. Tout golfeur qui se respecte ne peut qu'être fan de Tiger Woods, même si sa personnalité parfois très désagréable, à l'image de sa Ryder Cup parisienne (que j'évoquerai plus tard), peut nuire à son image.

Comme au 14, le chip était assez compliqué à négocier, en descente, avec beaucoup de poids sur la jambe gauche... Une balle qui va sortir assez vite, basse avec un green en descente et rapide. J'ai pris mon sand-wedge 58 degrés, ouvert un peu la face de mon club et essayé de ne pas cueillir ma balle, tout en cherchant un bon contact. Le bon contact va me permettre de mettre un effet rétro et faire en sorte que la balle accroche l'herbe en atterrissant sur le green.

Résultat un bon chip qui atterrit au bon endroit mais la balle glissa 2 misérables mètres derrière le trou. Un coup correct qui m'offrait un putt facile pour jouer avec Tiger le lendemain, pour basculer dans une autre dimension. Et je l'ai rentré ! Je me suis offert ma piste aux étoiles après cette agréable partie de quatre heures, assez rapide puisque jouée à simplement deux joueurs. J'ai terminé la journée en - 2 et donc dans le par au total des 3 tours. Malgré ma merveilleuse place de quatrième, je me trouvais bien loin du leader, l'Américain Dustin Johnson qui affichait un - 6. L'Irlandais Graeme McDowell était deuxième en - 3 et Tiger Woods troisième en - 1. Dustin Johson avait déjà une main et demie sur le trophée mais l'histoire ne s'écrit pas toujours telle qu'on l'attend.

Me retrouver à six coups de la tête s'apparentait à une aubaine. Impossible de cogiter toute la soirée et la nuit en m'imaginant vainqueur le lendemain. Pas de pression inutile quant au résultat final, mais j'allais tout de même partager ma partie avec la légende Tiger. Autant dire que je me suis fait gentiment mon film pendant quelques heures…

Hasard du calendrier, cet US Open 2010 se jouait en même temps que la Coupe du monde de football.

Ce 19 juin, j'étais bien sûr au courant des insultes d'Anelka à destination de Raymond Domenech. En grand fan de foot, je suivais de près les épisodes tragi-comiques d'Afrique du Sud. Supporter du PSG, j'avais eu la chance de jouer au golf avec David Ginola, Antoine Kombouaré, Alain Roche et mon pote Jérôme Alonzo, tous ces joueurs de la grande génération des années 1990... Mais le footballeur qui m'a le plus impressionné club en main portait les couleurs de l'ennemi historique, champion du monde 1998 et ex-joueur de l'OM, Alain Boghossian. Il avait un sacré niveau de golf. Mais ce samedi de juin 2010, même à l'autre bout du monde, comme tous les Français, un peu en colère, j'étais happé par le vaudeville de Knysna, et le pathétique spectacle offert par les Bleus à la planète football.

Avec une conséquence qui me touchait indirectement : dans cette actu foot hégémonique, ma performance à l'US Open passa plutôt inaperçue. Au niveau de la presse française, pas grand-chose sur mon résultat du samedi, mais je m'en moquais, habitué à ce que le golf ne soit pas mis en avant. La concurrence avec Knysna était assez peu flatteuse pour les footballeurs. Mais pour une fois, ce quasi-anonymat me convenait à merveille, à la veille de vivre la plus grande journée de golf de ma vie.

Mes conseils de golf pour la vie (1)

LA ROUTINE

Toute ma carrière, j'ai porté beaucoup d'importance à une routine régulière, assez scolaire. Je ne vais pas vous dire comment définir votre propre routine, mais si vous voulez trouver de la régularité, voici la mienne. De quoi vous donner quelques idées.

Ma routine dure entre 40 et 50 secondes... Avant chaque coup, je me mets derrière la balle, fixe l'objectif et détermine du regard l'endroit exact où je veux poser la balle.

Suivent deux swings d'essai, tout en recherchant l'élément technique sur lequel j'ai mis l'accent sur cette période. Cela peut être une ou deux choses mais pas plus : faire des swings en fade (balle qui finit légèrement sur sa droite), placer le poignet à tel endroit en haut de la montée... Et j'insiste sur mes sensations, sur le feeling, limite en exagérant pour plus tard, pendant le swing, ne plus du tout penser à la technique.

Ensuite, je prends mon grip toujours de la main gauche, puis place la main droite, et me mets à l'adresse devant ma balle. Je fixe l'objectif deux fois, et vais rechercher dans mon swing final la sensation trouvée dans mes coups d'essai.

L'avantage d'une routine régulière, quand on est concentré, pousse à la répéter et ainsi évacuer les mauvaises pensées. En fait, on « gruge » son esprit pour oublier les obstacles, l'eau, la forêt, le public, les regards... Une manière de détourner son esprit... D'ailleurs, c'est grâce à mes routines que j'ai pu me sortir de la pression du dernier tour, dans des moments où cela aurait pu tourner en ma défaveur, particulièrement à Pebble Beach en 2010.

Maintenant, à vous de jouer : au practice, mettez dix balles de côté, seulement dix, et sur ces dix balles, alternez des coups différents tout en respectant scrupuleusement une routine précise, comme si vous étiez au dernier jour d'une compétition importante.

Et surtout, ne faites pas comme John Daly, l'un des premiers gros frappeurs des années 1990, aux pantalons bariolés, toujours une Thermos de Coca avec lui sur le parcours. Au Danemark, lors du dernier jour d'un tournoi, il partageait ma partie avec sa routine bien à lui.

Des swings d'essai la clope au bec, qu'il posait juste avant de taper sa balle. Et hop, une mine à 300 mètres, ni vu ni connu, le drive parfait. Et la belle journée en 68...

2

DANS L'ŒIL DU « TIGRE »

Je me suis réveillé après une superbe nuit paisible et réparatrice (de minuit à 8 h 30). Aucune difficulté particulière pour trouver le sommeil malgré l'image de Tiger qui avait tendance à s'imposer. J'ai sans doute compté les tigres quand certains comptent les moutons. J'étais tout simplement heureux de la journée qui m'attendait, prêt à savourer chaque instant, conscient qu'une telle opportunité ne se représenterait pas des dizaines de fois dans ma carrière. Je n'étais pas non plus le fan prêt à se faire croquer tout cru par le grand fauve. Je me sentais prêt à en découdre avec mes armes, sûr de mon golf. Je ne me retrouvais pas non plus quatrième d'un Majeur par hasard. J'avais travaillé dur pour me retrouver là.

Mon pote Jean-Damien se trouvait à côté de moi, tout paraissait si banal. Et pour cause, j'avais laissé mon téléphone éteint depuis la fin de mon moving-day. Le moving-day (samedi), c'est un peu le jour de tous les possibles, le troisième jour d'un grand tournoi où les cartes sont souvent rebattues, où certains joueurs connaissent de vilaines défaillances et d'autres grimpent au classement général. Et ce jour-là, j'avais fait partie de la deuxième catégorie puisque j'avais gagné neuf places.

J'avais reçu des messages d'encouragement de mes proches les jeudis et vendredis… Avec mes parents, Jeff Lucquin, Jean-Damien, et un autre ami, Richard Gillot (professeur de golf), on parle de tout et de rien, alors qu'en fait, je m'apprêtais à vivre une journée inoubliable.

Nous sommes partis à 11 h 30 pour Pebble Beach. Je me suis rendu directement au *players lounge* (un endroit réservé exclusivement aux joueurs et à leurs familles) où j'ai déjeuné… Pour être plus précis, j'ai essayé de déjeuner, la faute à une gorge serrée. La température montait minute après minute. Je me suis forcé à avaler quelques aliments malgré une faim chancelante. Plus moyen de reculer. J'observais Tiger Woods non loin, entouré de ses proches et de son manager… Étonnamment calme avant la tempête, surprotégé à l'excès. Il y avait assez peu de monde, tous les joueurs étant déjà sur le parcours… Nous étions les avant-derniers à partir. J'ai regardé la diffusion à la télévision, notamment Tom Watson vainqueur de l'US Open 1982 à Pebble Beach, avec notamment un chip merveilleux au 17. En 2010, ce monstre sacré jouait son dernier US Open.

Pas trop le temps de musarder non plus, j'ai filé au practice, juste en face du *players lounge*. J'ai pris soin de me mettre à l'opposé de Tiger Woods en train de taper des balles. Mon contact de balle était bon, je me sentais en confiance avec Jean-Damien pour me chaperonner, mon binôme de la semaine. Il me permettait d'évacuer les mauvaises pensées, de dédramatiser. Nous étions assez fusionnels, nous riions volontiers de tout et de rien malgré l'environnement pesant, avec des officiels et des *marshalls* un peu partout autour de nous, des journalistes, des coachs et des managers comme s'il en pleuvait.

Le départ de notre partie avec Tiger Woods était programmé en début d'après-midi, à 14 h 12. J'ai réellement pris conscience de l'événement en arrivant sur le putting-green, comme si je pénétrais dans l'antre des dieux. Trois monuments du golf mondial s'y entraînaient : Tiger Woods, Ernie Els et Phil Mickelson. Gros coup de pression : petites chaleurs, le cœur qui s'emballe un peu. Je suis entré sur le green sur la pointe des pieds. Et mon départ qui s'annonçait dans quelques minutes. Els et Mickelson, un peu moins bien placés au classement général, jouaient devant moi. Avant de partir, ils sont tous les deux venus me souhaiter « *good luck* » d'une grosse poignée de main virile. Le Sud-Africain Ernie Els, je le connaissais bien pour avoir joué plusieurs fois avec lui. Nous partagions aussi le même coach mental. Et Phil Mickelson, je l'avais battu en 2007 lors de l'Open d'Écosse. Un excellent souvenir.

Plus qu'une dizaine de minutes, et assez vite, dès que Els et Mickelson ont tapé leur premier coup, je me suis rendu au départ du trou numéro 1, une peu en avance, huit minutes avant l'horaire fixé. Une bonne chose ? Peut-être, car j'ai entamé une petite discussion avec le starter, ce qui a eu le don de me détendre… ou plus exactement de m'éviter de gamberger. Nous avons évoqué un ami commun, une personne qui m'était très chère : l'ancien président du golf de Chantilly-Vineuil, Coco Dupont. Deux minutes de discussion intemporelles qui ont permis de faire filer le temps…

Et d'un coup, une clameur vraiment impressionnante, des hurlements, un mouvement de foule. Du jamais-vu et vécu pour moi, habitué à la quiétude et à l'anonymat. La star faisait toujours recette malgré ses frasques, sa désintoxication sexuelle et toutes les vilaines choses déversées dans la presse. Un glauque tsunami médiatique s'était abattu sur cet homme fantasmé, ce père parfait, qui s'investissait dans des associations caritatives… Bref, le conte de fées avait tourné au cauchemar. Un retour sur terre brutal. Pour ma part, j'avais un immense respect pour le joueur. Je connaissais bien peu l'homme, celui qui trompait allègrement sa femme et pouvait dépenser des centaines de milliers de dollars dans des parties de poker avec Michael Jordan. Je m'en moquais éperdument.

Cette société américaine, si puritaine, l'avait descendu plus bas que terre pendant des mois, mais elle avait soudain perdu la mémoire pour célébrer le retour du héros sur les greens. Le temps avait aussi peut-être fait son œuvre.

Loin de toute cette hystérie, simple golfeur, j'avais vraiment eu une bonne idée en réussissant la veille mon chip-putt. Je m'étais offert le grand frisson, à quelques minutes d'entamer la plus grande partie de golf de ma carrière.

14 h 12, je me sentais un peu déboussolé avec tous ces regards qui se portaient sur le Tigre mais aussi sur moi, son adversaire du jour. Je me revois les mains moites, chercher une contenance en fourrageant dans mon sac. Je ne devais pas vraiment faire illusion aux yeux des spectateurs et surtout des journalistes. Le gamin de La Rochelle était peut-être monté sur une scène un peu surdimensionnée pour lui. Mais la star n'y a, semble-t-il, vu que du feu. Tiger Woods s'est dirigé vers moi d'un pas assuré, la main en avant. Il s'est présenté sobrement, comme s'il était un illustre inconnu : « Tiger ».

Et je lui ai répondu avec tout le naturel à ma disposition : « Hi ! Greg. » J'ai failli rajouter « Greg the French », mais étonnamment, je me suis abstenu.

Nous y étions enfin ! J'avais l'honneur d'engager. Je ne savais plus où me mettre. Le premier coup de ma journée serait sans doute le plus dur de ma vie en termes de charge émotionnelle. Un coup d'hybride 3 pour parcourir environ 215 mètres. Dans un moment pareil, retour au basique, je me dis une seule chose : « Essaie de taper la balle ! »

La main tremblante, j'ai eu du mal à poser la balle sur le tee. J'ai regardé ma ligne, commencé à visualiser mon coup. Il me fallait absolument un swing dynamique. J'avais eu mon entraîneur, Benoît Ducoulombier, la veille au téléphone, sans évoquer ce premier coup titanesque. Avec mon coach, j'ai toujours privilégié les discussions apaisantes aux interminables dialogues techniques. Un objectif clair lors de cette dernière discussion : désacraliser l'événement et en cas de coup dur, de coups ratés, prendre du recul. Des mauvais coups, il y en aurait, il y en a eu, mais pas à 14 h 15. Mon premier coup fut parfait, un hybride 3 à 230 mètres, avec un peu d'adrénaline qui fait gagner de la distance, tout en conservant une direction idéale… Un départ presque inespéré.

Mes émotions mises de côté, le public m'applaudit. La journée pouvait enfin commencer. À Tiger d'entrer en scène… Et ce fut une entrée en matière assez moyenne, avec un coup de fer approximatif à gauche. Mais l'engouement du public restait intact. Bon ou mauvais coup, la « Tigermania », j'allais devoir faire avec pendant quatre heures. Jouer avec le « Tigre » constitue une expérience très spéciale, comme si vous n'existiez pas, *a fortiori* quand vous êtes 391e joueur mondial. Le public n'a d'yeux que pour son héros… Et le seul moyen de se dépêtrer de cette situation pour le moins singulière, c'est de jouer mieux que lui, exactement ce qu'il s'est passé.

Dès que Woods tape, les spectateurs pensent juste à bien se placer pour le coup suivant, à prendre la photo d'exception ou tout simplement à s'approcher le plus près possible de lui. Et tout cela se fait au détriment de la concentration de celui ou ceux qui jouent avec l'idole suprême.

Au trou numéro 1, comme je m'y étais un peu préparé, les choses se déroulèrent de la sorte. Par bonheur, d'entrée, ma qualité de jeu m'a permis d'équilibrer le rapport de force. En deuxième coup, fer 9 à 4 mètres du drapeau et putt très difficile droite-gauche que j'ai rentré en prenant un mètre de marge… Birdie pour démarrer, les murmures américains sont devenus un peu plus sonores, d'autant que Tiger a pris 3 putts pour réaliser un bogey. Résultat, à l'issue de ce premier trou, je suis passé devant lui au classement provisoire : - 1 pour moi et par pour l'Américain.

Au 2, nous avons réalisé le par tous les deux… Hook (coup de droite à gauche) énorme au départ du 3 pour l'Américain, un coup raté que j'avais rarement vu dans ma vie. Sa balle était partie très vite en banane à gauche mais Tiger sauva le par à l'arrivée, digne d'un Severiano Ballesteros, la légende espagnole célèbre pour sa capacité à rattraper des trous mal embarqués... Encore un par solide pour moi sur ce trou numéro 3, puis différentes séquences vont confirmer ma domination de ce début de partie sur Woods. Son départ du 4 dans le bunker, avant de mettre un bois 3 au départ du 6 dans l'eau, alors que personnellement, j'ai continué mon petit bonhomme de chemin. Par au 4 et 5 avant un deuxième birdie au 6. Je suivais mon plan tranquillement, à l'ombre de la légende, sans attirer les regards face à un Américain qui perdait progressivement pied. Je le voyais s'énerver : tout dans son attitude trahissait la frustration. C'était sans doute la pire entame de partie qu'il pouvait faire, et l'une de ses pires entames en Majeur, comme si la victoire était en train de lui échapper.

Et dans un effet ciseau, à ce moment-là, j'ai commencé à prendre conscience de mes chances, que la victoire n'était pas si illusoire que ça. Sur le green du 6 en effet, j'ai aperçu le tableau d'affichage et à ma grande surprise, Dustin Johnson était en train de s'écrouler alors qu'il avait beaucoup d'avance. Sur le parcours, on ne sait jamais vraiment ce qui se passe dans les parties, devant et derrière nous. On a bien une petite idée, une sensation, à travers les bruits, la clameur du public. On imagine des choses... Mais nous pouvons aussi prendre l'initiative et demander aux *marshalls* (chargés de la sécurité sur le parcours), aux arbitres et aux journalistes, à ce petit écosystème, ce qui se passe à côté… Mais, que je sache, je n'ai jamais vu de joueur le demander. Il y a aussi des joueurs qui refusent obstinément de regarder les tableaux d'affichage pour éviter de se mettre trop de pression… Eux ont un plan de jeu, et ne veulent pas être dérangés. Faire un ou deux birdies, regarder le classement, se mettre la pression… Moi, en revanche, cela ne m'a jamais posé de problème, je l'ai toujours regardé… Et puis au départ, le dimanche à Pebble, vu à quel point j'étais loin de Dustin Johnson, je me sentais plutôt détaché par rapport au résultat. Ma partie avec Woods m'accaparait. Je n'avais pas un neurone disponible pour spéculer sur une éventuelle victoire finale.

Selon moi, devant, il y avait un extraterrestre que je ne pourrais jamais rattraper. Trop de retard au départ sur Johnson, mais la magie du golf a rebattu les cartes. Au départ du 7, j'étais repassé devant Dustin Johnson. Au total, il était dans le par avec un désastreux + 6 sur la journée. Woods semblait décroché avec un + 3 au total. Je me retrouvais en troisième position en - 2 au total, à deux coups du leader provisoire Graeme McDowell l (- 4 au total et – 1 sur ses premiers trous) et un coup derrière Ernie Els (- 3 au total).

Puis nous sommes arrivés au 7, ce fameux petit par 3 diabolique, géré sans encombre (par pour moi et birdie pour Woods). Et comme il fallait que je redescende un moment ou un autre de mon nuage, j'ai réalisé ma première erreur de la journée au 8 : un mauvais choix de club sur mon deuxième coup. J'ai pris mon fer 6 au lieu du 5… En aucun cas une erreur de mon caddy, mais une erreur d'appréciation personnelle qui va m'envoyer dans le bunker. Par bonheur, j'ai réalisé une bonne sortie, longue et compliquée. J'ai déposé la balle à 2 mètres du drapeau, mais derrière. J'ai loupé le putt pour réaliser le premier bogey de la journée.

Arrive le 9 où nous tapons tous les deux notre drive. Et là, en marchant l'un à côté de l'autre, je me suis dit : « Allez, quand même, vas-y, va parler à Tiger ! »

Nous n'avions pas desserré la mâchoire depuis le départ. Il faut dire que son début de partie n'avait pas été fameux… Sa concentration en avait pris un coup. Depuis quelques coups, il semblait reprendre des couleurs. C'était le bon moment pour discuter, pour ma première partie avec « Dieu », le pendant de Jordan et Senna dans son sport. Et sur ce par 4, en nous dirigeant de concert pour notre deuxième coup, comme une fleur, je l'ai regardé et lui ai posé les premières questions qui me venaient : « Tu as des enfants ? Où dors-tu cette semaine ? » Pas vraiment inspiré, mais cela avait au moins le mérite de briser la glace.

Des questions, j'ai l'habitude d'en poser à mes concurrents, mais Sa Majesté Tiger ne s'y attendait pas du tout. Il a eu un bref mouvement de recul. J'ai compris que les gens n'osaient certainement pas lui parler. Et sur le PGA Tour, la convivialité n'a apparemment pas voix au chapitre. Un univers un peu plus individualiste que sur le Tour européen, comme une bande de joyeux requins US dans un aquarium de trophées et de gains, ce qui a pu parfois expliquer par le passé certaines déconvenues en Ryder Cup… Et ainsi, avec Tiger, j'ai alors compris que j'allais être déçu. Le fan absolu du « Tigre » a obtenu les réponses à ses questions, sur un ton à la limite du désagréable : « Oui, oui, j'ai deux enfants, une grande fille qui a le même âge que la tienne et un petit Charlie. Et toi, tu habites où en France ? » J'ai senti qu'il se forçait juste par politesse, crispé. Et son petit Charlie n'était pas encore l'adolescent hyper prometteur que l'on vit plus tard sur des vidéos impressionnantes. Le jeune homme affichait un niveau de golf rarement atteint pour un jeune de son âge.

Assez vite, j'ai compris que nous n'allions pas faire ami-ami pendant la partie, que les confidences ce serait sans doute pour jamais. Cela a eu le mérite de me recentrer sur mon jeu. Son attitude m'a clairement fait comprendre qu'il y avait un US Open au bout. Lui, limite en mode machine. On ne gagne pas un tournoi de cette envergure en devisant sur la pluie et le beau temps avec ses concurrents… À ce moment-là, il voulait rajouter coûte que coûte un quinzième Majeur à son palmarès, qu'il soulèvera finalement à Augusta en 2019.

J'ai finalement bouclé mon aller en - 1 (toujours troisième à deux coups de Graeme McDowell leader). Malheureusement, il m'a fallu trois putts pour rentrer la balle au 10, mon deuxième bogey de la journée.

Le fait d'avoir regardé le tableau d'affichage au 6 m'aurait-il soudainement mis plus de pression ? Ce bref regard m'a-t-il fait basculer dans une autre partie ? Sur les six premiers trous, je me sentais plutôt relâché, presque spectateur en dehors de l'histoire, en train d'assister au sacre de Johnson, tout en partageant une partie avec mon idole. Cet incroyable classement m'a soudainement ramené à la réalité. J'avais une véritable chance de remporter l'US Open.

11-12-13, statu quo pour moi avec 3 pars sans histoire ni trop de crispation... Tiger Woods, lui, a dit adieu à son rêve de victoire avec deux bogeys sur ses quatre derniers trous. Le fait de le voir au-dessous de son formidable niveau m'a un peu gâché le plaisir de partager ce qui devait être une partie mythique. À mes côtés, le Tigre était presque devenu un joueur ordinaire, malgré la ferveur du public et des médias autour de nous.

Nous sommes arrivés au départ du 14, un par 5, dogleg droite, pas très long mais technique, avec le green le plus dur du parcours, très pentu, avec très peu de place pour poser ta balle... Et sur ce trou de 500 mètres, les organisateurs avaient avancé le départ d'une trentaine de mètres, donnant la possibilité aux « bombardiers » de prendre une ligne très agressive en coupant au bord d'un arbre à droite, afin de pouvoir prendre le green en deux coups. N'ayant plus rien à perdre, Tiger attaqua résolument et réussit à couper en sortant un super drive, alors que je jouai la sécurité en envoyant mon tee-shot tout droit en face de moi. Mon deuxième coup m'a envoyé à 120 mètres du drapeau. Woods, lui, se trouvait dans le bunker avec son fer 4. Et mon pitching wedge, trop moyen face à ce green démoniaque, tomba quelques mètres devant le drapeau. Cependant, à cause de cette pente en forme de toboggan, ma balle est redescendue à 10, 15 mètres du green. C'est alors un chip compliqué à jouer avec mon 9. Je l'ai tapé un peu fort et touché le drapeau en plein milieu... Ma balle a manqué de rentrer et est venue mourir à quelques centimètres du trou. Le dernier putt fut une formalité pour le par. Ce fut une belle sortie de bunker pour Tiger Woods qui s'offrit un putt pour le birdie, qu'il rentra sans sourciller.

Après trois heures en compagnie de la star, je commençais à saturer de tout ce barnum : arbitres, cameramen, journalistes radio et TV, commentateurs, proches du « Tigre » (manager, amis et gardes du corps), police (uniquement sur les parties de Woods), public pas toujours discipliné. Dans le brouhaha permanent, je n'avais qu'un allié, Jean-François Lucquin, resté à Pebble Beach pour me suivre et me soutenir. J'avais parfois du mal à le repérer dans la cohue, mais il était toujours là. J'ai croisé son regard bienveillant à de nombreuses reprises. Il m'envoyait de bonnes ondes avec des mimiques, des petits gestes d'encouragement.

Au 15, j'ai sauvé le par avec notamment une excellente sortie de bunker. Après mon dernier putt, j'ai sans doute eu la discussion la plus inattendue de toute ma carrière sur un parcours de golf. On m'a maintes fois cuisiné sur le sujet, mais je n'ai pas encore tout raconté de ce tête-à-tête savoureux avec Tiger Woods. Knysna, la Coupe du monde de football 2010, Nicolas Anelka, Thierry Henry, le « Tigre » et moi, ce fut un improbable mélange des genres sur le 16 de Pebble Beach. Pendant quelques instants, le golf fut mis entre parenthèses, alors que je joue la gagne en Majeur, dans le moment le plus important de ma carrière.

Au départ du 16, nous avons tapé tous les deux nos bois sur ce petit par 4. Nous jouâmes chacun un bon coup, ce qui détendit quelque peu l'atmosphère, permettant ainsi d'ouvrir la discussion sur le chemin qui menait à nos balles. Je sentis le Tigre derrière mon épaule, à sans doute moins d'un mètre. Après notre premier échange sans saveur, je n'avais pas envie de revenir à la charge. Et c'est lui qui a brisé la glace de façon assez surprenante. Je ne le savais pas aussi bien informé sur le football, loin d'être un sport majeur outre-Atlantique.

Voici pour la première fois, quasiment au mot près, notre discussion à ce sujet.

« Oh, Greg, au fait, il ne se passe un gros truc dans le foot en ce moment ?

— Si, si... C'est un grand événement, c'est la Coupe du monde de football. »

J'en déduisis alors qu'il n'était pas un grand fan de « soccer ».

« Et les Français, ils jouent bien ? »

Il me posa la question de façon assez légère et gratuite, alors qu'en France, on ne parlait que de la rébellion, tout le monde semblait avoir son avis sur les agissements bien peu sportifs de nos joueurs.

« Écoute, on ne fait pas un bon tournoi. C'est drôle que tu me poses la question, car j'ai lu ce matin dans le quotidien sportif français qu'ils faisaient la grève dans le bus, et ne voulaient pas en sortir... »

Lui, si impassible et indéchiffrable ! J'ai cru capter une lueur dans ses yeux. Nous avions évoqué les enfants, nos familles, sans grande chaleur. Là, il me fixait, interloqué.

« Comment ça la grève ?... Mais on ne peut pas faire la grève ! »

Ma réponse en forme de boutade a eu le mérite de déclencher un vrai sourire chez l'Américain.

« Tu sais, en France, il y a deux ou trois trucs où on est bon, et la grève en fait partie.

— Mais plus sérieusement, que se passe-t-il avec cette grève des footballeurs ? Que veulent-ils ?

— Apparemment, hier, Nicolas Anelka, l'un des attaquants de l'équipe de France, a insulté le coach avant d'être renvoyé… Et en soutien, les joueurs ont décidé de faire la grève de l'entraînement en ne sortant pas du bus.

— Et Thierry Henry, fait-il aussi partie des grévistes ?

— Je n'ai pas le détail, mais je crois qu'il est lui aussi resté dans le bus effectivement. Mais pourquoi me parles-tu spécifiquement de Henry ?

— Nous avons fait une publicité ensemble. Il y avait aussi Roger Federer. Henry est dans le bus. Il fait grève ? » me relança-t-il.

Nous n'étions plus très loin de nos balles et il me répéta plusieurs fois, incrédule : « C'est quand même dingue ! »

Et je finis par conclure : « Chez nous, le foot, c'est très important, tu sais… »

À l'arrivée, ce petit intermède savoureux m'aida à décompresser quelque peu. N'étais-je pas à quelques coups d'un exploit retentissant.

Retour au jeu, pour mon deuxième coup, j'ai joué un fer 9, moyennement touché, un peu à gauche, mais qui eut le mérite de m'offrir un putt en montée. Il me restait dix bons mètres à parcourir pour un birdie. Fini les conversations sur le foot. J'étais à 200 % concentré sur ce putt importantissime. La balle est bien partie de mon putter.

Sur quasiment tout son parcours, je l'ai vue au fond du trou. Mais elle est finalement venue mourir sur le bord gauche du trou… Ce birdie manqué d'un rien m'aurait permis de passer en tête de l'US Open pour la première fois de la semaine, à égalité avec Graeme McDowell. L'exploit se précisait. Je tentai de me pas me laisser envahir par l'euphorie ou des émotions contradictoires. Rester concentré sur les basiques de mon jeu pour rallier l'arrivée au mieux.

Au départ du 17, nous avons attendu énormément : la partie Els-Mickelson bouchonnait devant. Ce fut l'occasion de profiter un peu de ce trou spectaculaire et sauvage, un peu british avec le Pacifique derrière le green… Et un trou à l'histoire si riche… C'est ici que Tom Watson et Jack Nicklaus ont mis leurs adversaires définitivement KO. Les puristes se rappelleront d'ailleurs que le recordman de victoires en Majeur (Nicklaus) avait attaqué ce par 3 d'environ 190 mètres avec un… fer 1 en main ! Un club qui a depuis totalement disparu des sacs des joueurs professionnels et amateurs… Personnellement, j'en ai déjà tapé mais je n'en veux plus. Il produit une balle très, très basse qui ensuite roule beaucoup. Comme nous ne sommes autorisés qu'à prendre quatorze clubs dans notre sac, tous les joueurs professionnels ont délaissé le fer 1 pour d'autres clubs plus utiles.

Je me serais bien vu faire un birdie sur ce 17 comme ces deux immenses champions américains. Malheureusement, mon fer 4 a terminé dans le bunker, à hauteur du drapeau. J'avais une sortie de 15 mètres à effectuer. Pas compliquée sur le papier mais à ce moment de la compétition, l'instinct dictait sa loi… À quelques minutes du dénouement, seuls le feeling et la vista permettaient de gérer le trop-plein d'émotions que je ressentais. Ma sortie fut plutôt correcte puisqu'elle m'amena à 2,50 mètres du drapeau. Me restait un putt gauche-droite assez délicat au niveau de la pente, un bon trou à gauche. Pendant que j'étudiais ma ligne, étonnement, le Néo-Zélandais Steve Wiliams, le caddy du Tigre, me glissa ses encouragements : « Allez, vas-y, rentre-la ! » Je le connaissais de nom, mais pas personnellement. Un caddy mythique à la réputation particulière, étonnement plus riche que les légendes du rugby all-black.

D'ailleurs, comment les caddys gagnent-ils leur vie ? Des plus connus aux plus modestes, différents systèmes fonctionnent sur le Tour. Le plus fréquent : un fixe d'environ 1 000 euros par tournoi et ensuite un pourcentage des gains (5 % si le joueur passe le cut, 7,5 % en cas de top 10, et 10 % pour la victoire). Autre solution : un fixe de 1 000 euros par tournoi et 7 % des gains, quelle que soit la place du joueur. Les caddys d'exception, comme Williams où Jim « Bones » Mackay, le caddy historique de Phil Mickelson (désormais compagnon de route de Justin Thomas), décrochent des deals particuliers leur permettant de gagner encore un peu plus.

Steve Williams a donc fait sa fortune « sur le dos » des immenses performances de Tiger Woods. Et le voir vider son sac dans son autobiographie, *Ma vie avec Tiger Woods*, en 2016, est un peu paradoxal. À vrai dire, cela ne me fera ni chaud ni froid. Morceaux choisis :

« Ce n'est pas une personne normale (Woods) en ce qui concerne les relations humaines. Quand quelqu'un l'agace, son mode par défaut est de couper toute communication et d'éviter les conflits », écrit-il, parlant de l'Américain comme de la « plus grande déception de sa vie niveau humain ».

Ses propos sur le Tigre ont connu beaucoup d'échos, mais sur ce green du 17, je suis loin d'imaginer leur futur divorce quelques mois plus tard. De mon côté, avec mon caddy Garry, c'était la parfaite symbiose. Malgré sa bonne lecture du green, je n'ai pas assez attaqué mon putt, ma balle a terminé en dessous. Un bogey malheureux qui me mettait à deux coups de Graeme McDowell qui, lui, n'avait pas encore affronté ce par 3 mythique.

De son côté, Tiger Woods fit le par et Sa Majesté eut l'honneur au départ du 18, un par 5 d'environ 500 mètres devant les siens. La foule semblait atone, groggy par la contre-performance de son poulain, hors-jeu pour la victoire finale.

Woods expédia son drive à droite, puis ce fut mon tour d'envoyer ma dernière mise en jeu de la journée, l'un des coups les plus importants de cette semaine et de ma carrière. Il me fallait au minimum un birdie pour avoir une chance de lever le trophée à la fin du parcours. Mais je n'y pensais pas du tout, focalisé sur mes routines : mon choix de club, mon swing, la direction du vent, des choses répétées jour après jour depuis bientôt vingt ans.

J'ai réalisé un drive parfait, à gauche, un peu au-dessus du Pacifique et de ses moutons blancs. Ma balle se trouvait en position idéale. J'avais une décision délicate à prendre. Soit attaquer le drapeau à 210 mètres avec un hybride pour pitcher à hauteur du drapeau et mettre le bunker de green hors-jeu… Ou alors une option plus précise et plus british, un coup de fer 3 plus bas, qui roulera plus et avec un peu de réussite et de bons rebonds terminera éventuellement au drapeau mais mettant le bunker en jeu…

Après une grosse minute de discussion avec Garry, j'ai opté pour le fer 3. Après une bonne routine, j'ai tapé un super coup de golf. La balle est tombée une dizaine de mètres devant le green, plein axe, le drapeau étant à une douzaine de mètres de l'entrée. Mais la réussite m'a fui, la faute à deux mauvais rebonds sur la droite. Les dieux du golf avaient décidé de m'envoyer dans le bunker. À quoi bon leur en vouloir ? À peu de choses, je me serais offert un putt à 3 mètres pour un eagle. Et là, j'en étais à croiser les doigts pour avoir un bon lie (balle bien positionnée). Le coup qui m'attendait, avec le niveau de pression démesuré, l'impressionnante foule autour, allait être compliqué.

Bonne surprise, les dieux du golf ne m'avaient pas totalement abandonné. En m'approchant, je vis que ma balle se trouvait plutôt bien placée, un peu en montée, pour une sortie de bunker de 7, 8 mètres. Presque facile à réaliser... Une seule chose : s'engager dans cette balle. Et c'est exactement ce qu'il me manqua : l'envie de la rentrer, cet objectif que j'aurais dû me fixer, aller chercher toujours plus loin, élever le niveau d'exigence au plus haut... À l'arrivée, une bonne sortie mais 2 mètres trop courte. Ai-je manqué d'ambition ? N'ai-je pas rêvé assez grand ? Probablement.

Ce fut tout de même 2 mètres pour un birdie. Et pendant que j'étudiais ma ligne, Tiger Woods m'encouragea, sur le même mode que son caddy Steve Williams un trou auparavant : « *Come on. Knock it in.* Rentre-le ! » Oui, oui, j'avais moi aussi terriblement envie de le rentrer sans sourciller, mais leurs encouragements n'ont pas suffi. J'ai putté une balle à droite et elle est sortie un peu trop à gauche de mon putter, terminant en dessous, à 70 cm. Pour finir, ce fut un putt facile, mais j'étais à deux doigts de me faire sortir de ma concentration. Quelle tristesse si je l'avais manqué et fini sur trois putts dans la plus belle journée de golf de ma vie ?

Mais je le rentre... Un dernier par pour l'histoire, MON histoire, en attendant la fin de partie de Graeme McDowell et Dustin Johnson. J'ai terminé en + 1 sur la journée, et + 1 au total. Mon destin se trouvait désormais dans les mains du Nord-Irlandais McDowell, qui n'avait plus qu'un point d'avance sur moi et un trou à jouer…

Je n'ai pas pu rester derrière le green pour regarder le dernier trou de McDowell. J'étais contraint d'aller signer ma carte au recording (espace où les joueurs rendent leur carte)… Ensuite, je me suis installé dans une petite pièce où j'ai pu profiter de la fin du parcours à la télévision, avec mon compagnon de Pebble, Jeff Lucquin. Nous étions juste tous les deux. Il essayait de me réconforter. Je n'y croyais plus vraiment mais Jeff si. Après tout, McDowell venait de faire un bogey au 17.

L'Irlandais a drivé d'abord sur la droite dans le petit rough, puis il a longtemps hésité sur le choix du club pour finalement jouer la sécurité. Je venais de finir mon parcours, il connaissait mon résultat. Un par lui suffisait. Il se recentra pour se laisser ensuite un coup d'une centaine de mètres et attaquer le green en 3. Un coup de wedge plus tard (qu'il mettra 8, 9 mètres derrière le trou), il mit un terme à mes rêves de sacre grâce à un très bon premier putt. Le dernier putt ne fut qu'une formalité. Graeme McDowell n'avait pas tremblé. Il venait de décrocher le Graal en réalisant le par. Clap de fin sur cet US Open 2010. Si près si loin… J'échouai à un tout petit coup de mon rêve le plus cher, mon rêve d'enfant, ce rêve que j'avais fait tant et tant de fois sur le putting-green de mon club d'enfance, à Bussy-Saint-Georges.

Les minutes qui suivirent furent douloureuses. Je n'arrivais pas à prendre du recul, encore dans le feu de l'action, à me remémorer tous les endroits du parcours où j'aurais pu gagner ce misérable point qui m'aurait permis de m'offrir un play-off à deux. Le must absolu en matière de dramaturgie, d'autant qu'à l'US Open, le play-off ne se jouait pas sur un seul trou. Les deux protagonistes revenaient le lendemain pour s'affronter sur un parcours entier de 18 trous. Il s'agissait du seul tournoi au monde à pratiquer ainsi. Depuis, pour d'évidentes contraintes télévisuelles, le play-off ne se joue plus que sur un coup.

Ma petite tribu, mon gang se recréa : mes parents, mes amis et Jean-François Lucquin, ainsi qu'un pilote d'Air France, un fan de golf venu assister à la compétition… Des émotions contradictoires me traversèrent et m'assommèrent pendant de longues heures après le dénouement. Je tentais de masquer ma déception et ma tristesse, entouré de mes proches qui eux étaient conscients et heureux de l'exploit réalisé par leur petit « Greg ». Je ne voulais pas gâcher leur plaisir. Je me devais d'être fier de cette fantastique aventure, de ce chemin rempli d'embûches depuis les qualifications à Walton Heath, et ce putt de 15 mètres rentré pour partir en play-off… Mais c'était plus fort que moi. Parfois, je me demandais s'il n'aurait pas été préférable de terminer plus loin du podium en réalisant des birdies sur les derniers trous. Comme un arrière-goût d'inachevé. Pensez donc, j'aurais pu succéder à Arnaud de Massy, seul Français à avoir remporté un Majeur, The Open, en 1907. Dans cette séquence si forte et si intense, les images se bousculaient : mes parents qui avaient toujours tellement cru en moi, et souvent plus que moi-même, ma fille Jeanne qui aurait été si fière d'avoir un papa marquant au fer rouge le sport français, stimuler les médias et mettre le golf sur le devant de la scène... Bref, hisser le drapeau tricolore tout en haut de Pebble Beach.

Avec le temps, bien plus tard, je suis parvenu à relativiser mais pendant des mois, cette cicatrice a eu du mal à se refermer. Ma déception était telle qu'elle se lira clairement sur mon visage lors de la remise des prix... Graeme McDowell à ma gauche avec le trophée, et ma médaille autour du cou. Le Nord-Irlandais, que je connais d'ailleurs assez bien, fut très sympa. Il eut des mots bienveillants et honnêtes : « Je ne pensais pas voir le danger venir de toi avec les Johnson, Woods, Els et Mickelson dans les cinq premiers... Et c'était un super combat à vivre même à distance. Ça a été très dur. Tu as très bien joué. Tu as remarquablement tenu la pression jusqu'au bout. Bravo ! »

Il posa pour des photographes sur le green du 18, avec son père le jour de la... fête des Pères. Heureux concours de circonstances. J'étais terriblement envieux. J'aurais tellement aimé offrir à mon papa cette séance photo... Et comme un terrible symbole, la dernière partie à laquelle mon père assista fut celle de Pebble Beach. Une cicatrice béante. Moins d'un an plus tard, il décéda.

Trois mois après ma magnifique deuxième place se déroula la Ryder Cup 2010 de Celtic Manor au Pays de Galles… Malgré ma bonne performance de l'US Open, je ne faisais pas partie de l'équipe européenne. Mais mon bourreau de l'US Open allait cette fois me rendre heureux en rentrant un historique putt au 16, et offrir la victoire à l'Europe. Graeme McDowell vécut une année 2010 en forme d'apothéose, avec Gregory Havret et l'équipe américaine à son tableau de chasse.

Des années plus tard, quels souvenirs concrets retenir de cette expérience ? Quelques photos, la médaille et ma carte du dimanche que l'USGA (Fédération américaine de golf) m'envoya en 2016, signée de la main de Tiger Woods. Rangée soigneusement au fond d'un tiroir, est-ce que j'y prête régulièrement attention ? Oui, tous les soirs avant d'embrasser ma femme. Je plaisante.

Tiger Woods, Nicolas Anelka et le rêve inachevé… Si seulement j'avais rentré mon dernier putt…

Mes conseils de golf pour la vie (2)

« BACK ET HIT »

Mai 2007. Je travaillais avec mon coach Benoît Ducoulombier depuis quatre ans. Tout se passait très bien. Il avait sa manière d'être, une façon de communiquer sans détour qui me convenait tout à fait... Nous avions une belle relation de confiance. Je me sentais proche de cet homme, que l'on surnomme affectueusement « le Druide », pour sa potion magique et sa faculté à toujours trouver des solutions en cas de problème.

En ce printemps 2007, je me sentais super bien dans mon jeu mais les résultats ne suivaient pas, sans réelle raison. On ne pouvait imputer ni le putting ni le driving... Je ne parvenais tout simplement pas à faire de bons scores malgré de bonnes sensations. Perdu dans une impasse sans savoir comment m'en sortir.

Cette spirale de frustration aurait pu avoir raison de ma carrière professionnelle.

C'est alors que Benoît m'a conseillé de m'adresser à un coach mental, Jos Vanstiphout... Dès le début, nous avons mis en place une technique mentale qui me permettait de ne pas trop me focaliser sur la technique : le fameux « back et hit ». Le principe est finalement très simple : intérieurement, devant la balle, lors du back swing (la montée) tu te dis back puis hit à l'impact. Cette mécanique interne doit être réglée comme une horlogerie suisse.

Quand on se focalise trop sur la technique, on en oublie tout le reste. Back et hit, ces deux mots scandés intérieurement ont pour but de rester bien ancré dans le moment présent, et de laisser les pensées parasites de côté.

Au début, j'ai pris cette technique comme un jeu, je l'ai adoptée de bon cœur. J'étais prêt à tout pour donner un coup de fouet à ma carrière, enfin performer. En 2007, deux mois après la mise en place du « back et hit », j'ai terminé quinzième de l'Open de France, puis troisième en Irlande la semaine suivante, avant de remporter l'Open d'Écosse quelques jours après. Trois semaines de rêve !

À Pebble Beach, ni Jos Vanstiphout ni Benoît Ducoulombier n'avaient fait le déplacement, mais ils occupaient une place de choix dans mon esprit. Et toute la semaine, j'ai pensé à ce « back et hit » prépondérant dans ma carrière. Et encore plus en cette semaine de juin 2010.

3

UNE ENFANCE PAS SI LOIN DES GREENS

Dans le golf d'aujourd'hui, la plupart des grands champions et championnes ont été biberonnés sur les parcours dès leur plus jeune âge, à l'image de Tiger Woods, Rory McIlroy, Michelle Wie ou encore Lydia Ko qui ont tous commencé avant cinq ans. Faut-il débuter aussi jeune pour devenir une star du golf mondial ? Tous les chemins mènent au haut niveau… À mon sens, il faut surtout être hyper sportif très jeune, avant dix ans, peu importe la discipline des débuts. C'est ensuite, en toute lucidité, que l'on choisira sa voie, que l'on profitera pleinement de ses aptitudes physiques et psychologiques. Juste avant l'adolescence, les passerelles entre sports sont bénéfiques pour le développement de l'enfant : le tennis peut apporter au golf, le basket au handball… Un exemple me vient à l'esprit. Acteur du miracle sur le parcours de Medinah aux États-Unis lors de la Ryder Cup 2012 (la remontée fantastique de l'équipe européenne après avoir été menée de 4 points au départ des simples le dimanche), tout jeune, Nicolas Colsaerts jouait au squash à un très haut niveau. Pour avoir partagé beaucoup de parties avec lui sur le Tour, j'ai pu voir à quel point sa technique de squash n'était pas étrangère à sa célèbre accélération et sa très grosse frappe de balle. Autour des greens, son chipping tout en finesse, fait même parfois penser à un coup de raquette tout en toucher. J'ai parfois été l'une de ses victimes préférées sur les parcours… et également sur des courts de squash.

En bon papa golfeur, j'ai initié mes trois enfants au golf, avec plus ou moins de réussite. Suivront-ils les traces de leur champion de père ? Le gène a-t-il été transmis ? Pour le moment, il est tout à fait prématuré d'y répondre. Mon cadet, Edgar, a l'air d'accrocher. À six ans aujourd'hui, il est bien plus précoce que moi. Je n'ai tapé mes premières balles qu'à huit ans. Comme quoi, il n'y a pas de règle pour atteindre le haut niveau…

Vivant rue Botzaris dans le 19e arrondissement de Paris, mais né à La Rochelle où je retournais régulièrement, j'ai frappé naturellement mes premiers coups dans une ambiance de vacances, au golf de la Prée, près du pont de l'île de Ré. Je suivais volontiers mes parents, Dominique et Monique, dans ce cadre naturel et champêtre.

Et le virus de la petite balle blanche va les contaminer. Nous nous sommes installés en région parisienne en 1979, et en 1984, à l'âge de cinquante ans, ils ont décidé de s'y mettre. Moi, le petit dernier, je n'ai eu d'autre choix que de les suivre dans leurs pérégrinations golfiques du week-end, sur le parcours de Domont dans le Val-d'Oise. Je traînais ostensiblement les pieds. Entre huit et douze ans, aller taper des balles avec papa-maman, ça ne me plaisait guère.

À l'école primaire, le golf ne faisait pas vraiment recette auprès de mes copains. Être fan de golf, c'était l'assurance de perdre tous ses potes, encore plus à Belleville, quartier populaire de l'Est parisien. Dans les années 1980, le golf traînait une réputation, à tort ou à raison, de sport de riches. Tout cela était bien ancré dans les mœurs des gamins de mon âge qui adoraient naturellement le football.

Mes parents, eux, n'en avaient que faire des clichés et du qu'en-dira-t-on. Ils avaient attrapé le virus. Dans leur vie sédentaire, ils éprouvaient le besoin de s'évader en fin de semaine. Et le golf s'y prêtait à merveille. Vétérinaire, mon père en avait assez d'habiter dans la capitale. Il opérait des chiens et des chats toute la journée, et le soir, il vivait assez mal d'être enfermé dans son appartement. Il voyait donc arriver les week-ends avec bonheur.

Au début de leur passion golfique, c'était un rituel assez bien huilé. Mon père réservait une heure et demie de cours. Il était le premier à suivre les conseils du professeur, puis c'était au tour de ma mère et je fermais le bal.

J'étais de loin le petit dernier de la fratrie. Mes trois frères ont onze, treize et quinze ans de plus que moi. Vous n'allez peut-être pas me croire, mais ils n'ont jamais joué au golf de leur vie. Un seul de mes frères a vaguement essayé, sans trop s'appesantir… Et quand j'ai commencé à jouer, vers sept, huit ans, ils étaient tous partis de la maison. Mes parents avaient à cœur de profiter de leur petit « Greg », quitte à m'obliger à les suivre systématiquement dans leur plaisir golfique, que je ne partageais absolument pas à l'origine.

C'est à la faveur d'un déménagement que j'ai définitivement intégré la grande famille des fanas de golf. L'année de mes douze ans, sur un coup de tête, Dominique et Monique ont décidé de déménager. Un peu lassés des turpitudes de Paris, après dix ans passés dans la capitale, ils ont acheté une maison donnant sur le golf de Bussy, nouvellement créé, dans l'est de Paris.

Tout cela s'est joué en quelques semaines. Un beau jour, mon père était parti jouer avec l'un de ses associés vétérinaires sur le nouveau golf de Bussy. Manque de chance, la météo n'était pas de la partie. Pour passer le temps, mon père est allé visiter la maison témoin d'un lotissement en construction en bordure de parcours. Et ce fut le coup de cœur. Il rentra à la maison, exalté, pour présenter son projet de déménagement express.

Pour mes parents, l'installation à Bussy fut une délivrance. La vie urbaine ne leur convenait plus du tout. Et moi, l'ado qui souffrait d'urticaire golfique, à vivre sans copains, à gauche du départ du trou numéro 8 en pleine campagne, loin des tumultes de Belleville la cosmopolite.

C'est grâce à ce brusque changement de vie que je vais basculer du côté obscur et me diriger vers une nouvelle aventure insoupçonnée.

Lors de mes premières nuits avec vue sur le green du 7, j'ai déprimé sec. Perte de repères, nouvelle école, mode de vie chamboulé, mes parents peu présents, je devais absolument me reprendre en main pour ne pas m'enfoncer. Et devinez quelle allait être ma planche de salut ?

À l'entrée de l'adolescence, je me suis laissé surprendre, quatre ans après avoir tapé mes premières balles avec mes parents. Bien entendu, à notre arrivée à Bussy mes parents m'ont tout de suite inscrit à des cours. À vrai dire, je n'avais vraiment pas le choix. Et tout s'est démêlé en quelques semaines, grâce à une rencontre. Ma première coach, Anne Le Coniat, sut certainement trouver les mots. C'était surtout la première fois que me sentais en phase avec un éducateur sportif, en confiance. Jolie, sympa, drôle et accessoirement… compétente, Anne avait tout pour me rendre accro à la petite balle blanche.

Ma métamorphose s'est opérée en moins d'un trimestre. Après le collège, je profitais de l'absence de mes parents pour échapper aux devoirs et filer direct sur le parcours avec mes nouveaux copains et copines golfeurs. Je ne pensais plus qu'à ça et avec ma bonne bande d'amis, nous profitions à plein de chaque minute... Nous étions une petite dizaine d'apprentis golfeurs jouant jusqu'à la nuit tombée, à base de concours de chip, de match-play, de putts... Tout simplement heureux d'avoir une vie insouciante dans ce cadre privilégié. Mon socle d'amis tournait autour du golf, et c'est le cas encore aujourd'hui.

Au fil des semaines, mes progrès furent fulgurants. Ma belle motivation y était certainement pour quelque chose, encore vierge de tout objectif chiffré ou de plan de carrière. Jouer toujours et encore. Quant aux vacances, elles étaient consacrées à ma passion. Avec mes parents, nous allions souvent dans le sud-ouest pour écumer les parcours de la région. Tant et si bien que mon père a acheté un petit appartement donnant sur le golf de Moliets, dans les Landes.

À quinze ans, j'étais déjà handicap 1. Du fait de m'y être mis sérieusement sur le tard, vers douze ans, je ne pouvais pas encore rivaliser avec les meilleurs de ma génération. Eux évoluaient dans un monde que j'imaginais merveilleux : équipe de France, matchs internationaux, enchaînement de tournois sur des parcours magnifiques.

Cependant, je sentais que je pourrais bientôt goûter à tout cela. Ma marge de progression m'incitait à l'optimisme. Quant aux parties avec mes parents, elles ne m'intéressaient plus guère. Ils avaient pourtant un assez bon niveau, handicap 18 pour mon père et handicap 20 pour ma mère. Mais dès l'âge de treize ans, j'ai commencé à les battre et ça ne s'est plus arrêté...

Avant de rentrer en seconde, sous l'impulsion du président de la Ligue Île-de-France, Jacques Vétois, mes parents m'ont proposé de passer les tests pour intégrer la seule section sport-études golf de l'époque, à... Toulouse. Cela signifiait quitter Bussy, ma petite bande de joyeux golfeurs et une fois de plus tout remettre en cause. Face aux enjeux sportifs et à ma possibilité de franchir des paliers à Toulouse, je ne me suis pas appesanti sur des débats intérieurs. Ma réponse fut un oui enthousiaste. Après tout, les tests ne m'engageaient à rien... Je me sentais aussi apte à continuer de progresser à Bussy.

Je suis parti en avion à Toulouse avec mon copain Jean-Damien Yvet et son père pour nous tester auprès des meilleurs de notre génération, que nous avions bien l'intention de rattraper. Au programme, deux jours de parties, de practice, d'entretiens avec les coachs fédéraux et deux nuits passées au CREPS (Centre de Ressources d'Expertise et de Performance Sportive)... Nous étions une petite dizaine d'apprentis champions sans savoir combien d'heureux élus seraient retenus. Au fond de moi, je me posais pas mal de questions. Je pensais que l'aventure allait s'arrêter aux portes de ces sélections. Mes concurrents semblaient mieux armés que moi. Je les connaissais de nom, je suivais leurs résultats de loin en loin, je me sentais un peu derrière. Je le comprendrais plus tard mais sur le moment, mon curseur ne se fixait pas au bon endroit. Pour les sélectionneurs, seul comptait le potentiel du jeune joueur dans une projection moyen/long terme, et non à l'instant présent.

« On vous rappellera dans un délai de dix jours... » Je suis rentré chez moi à Bussy un peu dans le flou. Je n'avais certainement pas encore le bagage technique et psychologique pour appréhender la concurrence... et surtout ce que l'on attendait de moi, ce que les professionnels avaient décelé dans mon jeu naissant.

Je ne serais pas honnête en vous disant que je n'ai pas gambergé dans l'attente des résultats. Tout cela a gentiment trotté dans ma tête, entre euphorie et résignation. Dans les moments de doute, je me disais que ce serait bien de rester à Bussy, au chaud dans mon club familial. Mais depuis que le golf m'était rentré dans les veines, j'avais logiquement un peu décroché scolairement. J'avais redoublé ma 5e sans gloire. Le fait d'entrer au CREPS de Toulouse, avec des horaires aménagés, et des professeurs à l'écoute, m'arrangerait bien aussi. Par contre, l'internat, je ne savais trop à quoi m'attendre. Serais-je fait pour cette vie loin de mes parents ?...

La réponse a mis dix longs jours à traverser la France. POSITIVE ! J'ai surfé sur mon petit nuage. J'allais entrer dans une autre dimension. Le golf allait devenir une affaire très sérieuse, plus un simple loisir chronophage. J'allais encore progresser à pas de géant. À moi la Ville Rose et sa douceur. « Ô Toulouse », me voilà !

Mes parents ont quelque peu accusé le coup, même s'ils étaient à l'initiative de ma candidature aux sélections. Greg, leur petit dernier, allait quitter le nid familial. J'imagine que l'annonce de mon départ a dû les faire vieillir un peu. Ils se sont montrés extrêmement bienveillants jusqu'à mon départ en septembre, pour la rentrée des classes. Et pour changer, nous avons passé un été très golfique dans le Sud-Ouest...

Finalement, j'ai bouclé mes bagages pour Toulouse relativement serein. Ce n'était pas non plus un grand saut dans l'inconnu. J'allais retrouver mon pote Jean-Damien, lui aussi retenu pour intégrer la section sport-études. Nous nous étions rencontrés dans les matchs entre Bussy et Meaux-Boutigny, les deux clubs rivaux de l'Est parisien. Bien que concurrents, nous avions sympathisé. Et notre relation allait se renforcer mois après mois, jusqu'à devenir fusionnelle. Il jouait un peu le rôle de frère de substitution... Car à vrai dire, je n'avais pas eu de réelles relations fraternelles avec mes trois aînés, Hugues, Frédéric et Guillaume, bien plus âgés que moi. Je n'avais guère partagé avec mes frangins, ce qui ne m'empêchait pas d'être fier d'eux.

Hugues et Guillaume ont créé une chaîne de bijouterie dans le Sud-Ouest. Quant à Frederic, il habite La Rochelle où il a créé un restaurant. C'est une fratrie qui n'a pas peur d'entreprendre.

En cette rentrée de septembre 1992, j'avais seize ans. J'étais heureux d'emmener mes parents Dominique, Monique et... Jean-Damien dans mes bagages ! Nous avons fait la route pour Toulouse tous les quatre. Sur le chemin, j'ai bien ressenti la tristesse de mes parents, surtout ma mère qui a versé son petit lot de larmes. Mon père, quoique très émotif, n'en a trop rien laissé paraître. Il ne voulait surtout pas gâcher mon plaisir, me donner mauvaise conscience d'abandonner mes parents pour me consacrer à la petite balle blanche.

Sur place, l'installation s'est faite assez naturellement. J'ai partagé ma chambre avec Jean-Damien. Nous nous sommes retrouvés à huit ados dans le CREPS, avec en leader et meilleur joueur, Georges Plumet, issu comme Jean-Damien du club de Meaux. Il constituait une véritable locomotive, il nous tirait tous vers le haut.

Le CREPS de l'Espinet se trouvait à côté de Rangueil. Il n'était bien entendu pas entièrement dédié aux apprentis golfeurs. Nous nous entraînions sur un terrain de rugby, nous avions trois greens d'entraînement et un hangar pour les swings. Tout cela n'était pas en super état, car le CREPS ne disposait pas des machines de tonte dont peuvent bénéficier les grands parcours. Nous étions à des années-lumière des conditions d'entraînement offertes aujourd'hui aux jeunes notamment au Golf National de Guyancourt. Tous les mercredis, nous prenions un car pour aller jouer sur le parcours de Toulouse-Palmola.

Changement de rythme avec mes journées tranquilles de collégien à Bussy ! À Toulouse, les journées étaient chargées et assez difficiles à gérer. Réveil à 7 heures pour un début des cours au lycée à 8 heures... De 10 h 30 à 12 h 30, retour au centre avec entraînement de golf. Déjeuner sur place puis retour au lycée (14 heures-16 heures) et enfin encore deux heures de golf de 16 h 30 à 18 h 30. Et impossible d'échapper aux devoirs de 19 à 20 heures, avant le rituel de la soirée et l'extinction des feux vers 22 heures.

Dans les débuts, j'ai éprouvé un peu de mal à encaisser ce rythme de forçat. Cette discipline tranchait avec ma grande liberté de Bussy. Le matin, je me réveillais encore fatigué par les entraînements de la veille assez intensifs.

Nous disposions de trois entraîneurs entièrement dédiés, sans compter les coachs de la Direction Technique Nationale, basés à Paris, qui nous rendaient visite deux fois par trimestre, avec un programme d'entraînement bien précis. Comment se construit le jeu d'un futur champion ? Sur la base d'ateliers très structurés, très pros et finalement très classiques : la semaine type balayait tous les compartiments du jeu. Avec un regret : ne pas avoir été assez mis en compétition entre nous, même si nous avions un calendrier de tournois assez fourni.

À mon arrivée, nous étions huit et la sélection se poursuivait impitoyablement jusqu'à la fin de l'année scolaire. Seuls les meilleurs restaient et je fis partie du lot. D'autres arrivèrent en début de deuxième année pour assurer le renouvellement et l'émulation. Un mouvement perpétuel. Sur le plan scolaire, je parvins à garder la tête hors de l'eau. La sanction menaçait au-dessus de ma tête. En cas de redoublement, le retour à la maison était assuré. Je fis donc le nécessaire. Mon passage en première se fit sans trop de douleurs, passeport obligatoire pour poursuivre l'aventure.

Entre nous, il y avait forcément de la rivalité, mais rien de bien méchant, des petites blagues potaches d'ados : des seaux d'eau par-dessus la porte des toilettes, le lit trempé, des bizutages bon enfant pour le perdant des matchs du mercredi (porter le sac à dos, se faire servir à table…). Le tout dans une période marquée par mes premières amourettes.

La brune Magali se trouvait en section badminton. Elle fut ma première amoureuse. Je l'ai rencontrée au sein du CREPS, précisément au self. Le courant est passé rapidement. Et particularité de cette vie en CREPS, nous nous sommes retrouvés ados à avoir une vie de petit couple. En deuxième année, ma petite championne de badminton disposait d'une chambre seule au rez-de-chaussée. Je descendais donc régulièrement la voir, en esquivant les pions au passage. Nous étions tout de même un peu surveillés ! On se séparera au bout d'un an, sans trop de cris et de larmes. Nous étions arrivés plutôt paisiblement au terme de notre aventure.

Mes parents me manquaient, mais c'était un rythme acceptable. Je faisais l'aller-retour en avion un week-end sur deux pour les voir. Je n'avais pas l'impression que mon absence leur pesait trop. J'imagine qu'ils masquaient gentiment leurs états d'âme. Très positifs, ils voulaient surtout me voir réussir dans mon aventure. Finalement, notre petit rythme était assez sain. Je garde de cette période un bon souvenir. Je me suis épanoui un peu dans tous les domaines à Toulouse, et pas que sportivement.

La moitié des week-ends, dans ma petite maison dans la prairie de Bussy, j'étais chouchouté par mes parents, près de mes copains aussi, avec le sentiment de vivre plusieurs vies : du golfeur au lycéen, et du Toulousain au Parisien. Je me sentais vraiment privilégié. Et l'autre moitié, sur le golf de Palmola chez mon ami et aujourd'hui parrain de mon fils Edgar, Jean-Marc De Polo. Nous avons tellement de bons souvenirs ensemble, sur les golfs et en dehors.

Lors de ma terminale, qui se faisait exceptionnellement en deux ans pour les membres du CREPS afin de compenser la perte d'heures de cours, je fus assez proche du dérapage, attiré par les écueils de la vie toulousaine, sans contraintes ni parents. Copain des pions, je sortais avec eux, nous retrouvions des potes lycéens en ville… Bref, c'était un appel à la liberté, en faisant très attention de ne pas trop souvent franchir la frontière ténue entre amusement et excès. Rester dans un équilibre de funambule : m'épanouir dans ma vie de jeune homme sans mettre de côté ma future carrière. Il faut croire que j'y suis parvenu !

Sur le plan golfique, justement, j'avais enfin rattrapé mon retard sur les meilleurs de ma promotion. J'en veux pour preuve mon titre de champion de France junior 1994 obtenu au golf national de Saint-Quentin. Le célèbre parcours de l'Albatros, je commençais à bien le connaître pour y avoir fait des stages avec la Fédération… Le centre national et la maison mère du haut niveau en France ont été officiellement inaugurés le 5 octobre 1990… Greg Norman, Ray Floyd, Jeff Sluman et Marc-Antoine Farry ont été les premiers joueurs à « taper » sur l'Albatros. Le premier Open de France s'y est disputé en juin 1991. Quel fantastique outil et grande réussite architecturale ! Le parcours, dessiné par le Français Hubert Chesneau, avec la collaboration du célèbre architecte américain Robert Von Hagge, est une pure merveille… Le mix parfait entre « links » et « target golf » à l'Américaine... J'en parlerai plus tard au moment d'évoquer la Ryder Cup 2018 qui se déroula sur nos terres.

Bref, au milieu des années 1990, je n'étais pas encore classé parmi les espoirs du golf tricolore. On vantait seulement mon potentiel. Cependant, une petite idée trottait de plus en plus souvent dans ma tête : devenir pro. Le temps avançant, la petite idée est devenue un plan de carrière assez clair. Je me voyais jouer encore deux ou trois années en amateur afin de profiter d'un système très avantageux. Financièrement, la Fédération, la Ligue et même parfois les clubs aident les joueurs prometteurs, essentiellement avec des remboursements de frais pour aller participer à des compétitions un peu partout en Europe... Et le jeune joueur pouvait aussi disposer des conseils de coachs fédéraux, en plus de son coach de club, une cohabitation pas forcément facile à gérer.

Une fois passé pro, le joueur est livré à lui-même. Même si des aides sont prévues, la transition est loin d'être évidente. Faut-il être « gosse » de riches pour pouvoir devenir joueur professionnel ? Ou le talent suffit-il ? Quand on est doué, travailleur, impliqué, un jour où l'autre, la route s'ouvre. Mais il faut aussi s'armer de patience dans l'attente de sponsors. Et se heurter à quelques périodes délicates où boucler son budget peut prendre le pas sur le jeu.

En 1996, je n'en étais pas encore là. Je devais d'abord passer mon baccalauréat, faire l'armée (la fin de la conscription n'intervint qu'en 1996) et construire ma vie d'adulte.

La déconvenue fut de taille. Je ratai mon bac dans les grandes largeurs puisque je n'étais même pas admis au rattrapage. Loin d'être le seul dans ce cas, j'avais tout fait pour passer d'année en année, et ainsi pouvoir rester au CREPS. Je n'avais fait que préserver les apparences. Je n'avais pas vraiment la tête aux études et mon niveau scolaire s'en était cruellement ressenti.

Mais j'avais passé un deal avec mes parents : ils me soutenaient à fond tant que j'obtenais le bac. Échec cuisant côté scolaire, mais qui ne me détourna aucunement de mon objectif principal, devenir golfeur professionnel. Mes parents ne furent pas enchantés mais j'avais le vent en poupe sportivement. Ils ne pouvaient raisonnablement pas me faire abandonner le golf pour me remettre sérieusement aux études. Et une chose les rassurait : le milieu du golf est pourvoyeur de nombreux emplois au sein des clubs, des parcours, des équipementiers. Avec toutes ces compétitions jouées un peu partout en France, je commençais à disposer d'un solide réseau. Si mes ambitions professionnelles tournaient court, je trouverais certainement une porte de sortie golfique.

Dans cette période empreinte de déception, il y eut enfin une bien belle éclaircie. Ma rencontre avec Élodie en

1995, la maman de Jeanne, ma première petite fille. Nous nous étions rencontrés au cours d'une soirée chez un ami commun. Elle avait seize ans et moi dix-neuf. Le début d'une histoire qui dura plus de douze ans.

J'ai découvert à quel point la vie de couple pouvait être compliquée pour un sportif de haut niveau... Et de surcroît dans un sport, le golf, où on est absent et en tournoi la moitié de l'année. Élodie l'accepta et nous avons construit notre chemin dans l'adaptation permanente face à mes obligations.

Dans l'année qui suivit mon départ de Toulouse, je saisis l'occasion de rentrer dans l'armée, au bataillon des « sportifs » de Joinville, basé à Fontainebleau. J'y ai appris le maniement des armes, le respect de l'autorité, la survie de nuit dans une forêt en plein hiver, mais au final ce fut un service militaire « light ». Je ne dormais quasiment jamais à la caserne. Sans parcours de golf dans l'enceinte du bataillon, je retournais régulièrement m'entraîner à Bussy, faisant le bonheur de mes parents qui retrouvaient au passage leur petit dernier ! Le fait que je joue aussi bien au golf pendant ces années de jeunesse leur a donné un gros coup de boost dans leur vie. Voir leur fils réussir les rendait si fiers.

Installé en équipe de France, des moins de 18 ans jusqu'aux seniors, je commençais à faire gentiment parler de moi dans le petit milieu du golf. Étais-je pour autant le grand espoir du golf tricolore ? Non, pas vraiment.

Dans l'Hexagone, certains jeunes affichaient des potentiels bien meilleurs que le mien, sans parler des leaders européens de ma génération que j'ai pu affronter en matchs internationaux : Justin Rose, Paul Casey, Henrik Stenson et un ovni espagnol, Sergio García. Je me souviens du grand prix d'Hossegor 1997 qu'il avait gagné haut la main, en - 20, face à tous les meilleurs Français. Pour ma part, j'avais terminé au-dessus du par, à des années-lumière de l'extraterrestre de Valence, successeur désigné de Ballesteros et Olazábal, les deux légendes du golf ibérique.

Encore amateur en 1998, le Britannique Justin Rose marquera, lui, les esprits avec une quatrième place et un chip mémorable au 18, le dimanche lors du British Open sur le parcours de Birkdale, à côté de Liverpool. Mais face à lui, j'avais ma chance. Un autre espoir du golf avait aussi plus tard gagné un Majeur, le Sud-Africain Trevor Immelman, ultradominateur chez les amateurs, et que j'avais joué en match-play (face-à-face) à Muirfield lors du British amateur, en banlieue d'Édimbourg. Ce jour-là, j'étais ex aequo après neuf trous. Je me suis ensuite pris une « douche sévère », en perdant cinq trous d'affilée, pour finalement m'incliner et serrer la main du Sud-Africain dès le trou numéro 14… Pour la petite histoire, mon vainqueur s'inclina en finale face à… García.

Trevor Immelman et Sergio García étaient vraiment au-dessus de nous. Mais à vingt-deux ans, je me sentais au niveau d'autres futurs cracks britanniques : Paul Casey, Luke Donald, Graeme McDowell, mon futur bourreau de Pebble Beach… Et puis de l'autre côté de l'Atlantique, un « Tigre » faisait déjà parler de lui. L'épouvantail ultime, Tiger Woods déjà vainqueur à vingt-deux ans de son premier Majeur, le Masters 1997.

Triple champion de France amateur d'affilée (de 1997 à 1999), ma consécration, je vais aller la chercher en devenant champion d'Europe 1999, en battant Paul Casey au passage. Et dans cette séquence très positive, j'ai aussi réalisé l'exploit de gagner en amateur un tournoi pro, l'Omnium national 1998, sur le parcours du PIGC en banlieue parisienne.

En parallèle de mon émancipation golfique, j'ai repris mon envol de jeune homme en quittant de nouveau le domicile familial. Je me suis installé avec une amie, Caroline, sœur par procuration, dans un appartement à Bussy. Nous étions, et sommes toujours, très complices avec Caroline.

Je sortais un peu trop, quitte à tout mélanger, et je m'en excuse aujourd'hui, vingt-cinq ans plus tard.

À l'époque avaient lieu les Internationaux de France mixte. Malheureusement, une jeune joueuse prometteuse, Peggy Fraysse, pâtit de mes sorties estivales intempestives. J'avais décidé de jouer cette compétition, pour aussi profiter des fêtes de Bayonne. Je logeais chez une amie à Anglet, à quelques kilomètres du parcours. La veille du premier tour, avec mes acolytes de soirée, j'ai troqué drivers et putters contre la ferveur du Pays basque. Grosse soirée sans frein à main, en blanc et rouge comme de coutume, j'ai oublié les contraintes du haut niveau pour mieux me concentrer sur les tentations du lâcher-prise et des courses de vachettes endiablées.

Ne voyant pas l'heure passer, et alors que j'avais un départ à 9 heures en compagnie de Peggy, je me suis décidé enfin à me coucher vers 7 heures, avec ma tenue blanche et mon foulard. Sursaut à 8 h 45, je jouais un quart d'heure plus tard et j'avais trente minutes de voiture. La disqualification me pendait au nez. En regardant mon portable, j'aperçus dix appels en absence de Peggy… Je me demandais bien comment j'allais faire pour me sortir de ce pétrin. J'ai sauté dans ma voiture et trouvé une idée un peu « bidon » qui s'avérera finalement payante : appeler le golf et dire que j'avais crevé. Arrivé à 9 h 30, j'ai couru au départ du 1, mon sac sous le bras, m'excusant platement auprès de Peggy, du starter et des arbitres, qui nous ont autorisés à partir avec seulement deux points de pénalité. Mon statut de numéro 1 amateur m'avait-il évité la disqualification ? Certainement. Et malgré un état un peu chancelant et une déambulation laborieuse sur le golf de Chantaco, nous nous sommes qualifiés avant de soulever deux jours plus tard le trophée.

Sur le plan financier, un joueur amateur ne gagnait pas d'argent à l'époque, et je comptais sur les aides fédérales, et également sur l'argent de mes parents, pour joindre les deux bouts. C'était une vie relativement légère et insouciante, la famille derrière. Il me manquait certainement une bonne dose de maturité, de celle qui faisait la différence chez certains de mes concurrents.

Du haut de mes vingt-trois ans, les portes contraignantes du monde professionnel allaient bientôt s'ouvrir à moi. Adieu légèreté, frivolité et liberté. Il ne manquait plus qu'un déclic pour me faire affronter la dure réalité du très, très haut niveau.

Mes conseils de golf pour la vie (3)

JOUER AVEC UN SEUL CLUB SUR LE PARCOURS

Vers quatorze, quinze ans, je devais être 3 ou 4 de handicap, certainement pas le plus fort de ma génération. Les natifs de 1976 étaient dominés par Ilya Goroneskoul (Nîmes Campagne), Jean-Marc de Polo (Toulouse Palmola) ou encore Richard Gillot (Besançon) qui deviendront plus tard mes amis... Paradoxalement, je fus le seul à atteindre le haut niveau, peut-être plus persévérant face aux difficultés que ce sport ingrat impose.

Ma première professeure de golf, Anne Le Coniat, qui m'apprit à jouer à l'adolescence, me suivra jusqu'à ma première victoire sur le Tour européen en Italie, en 2001... Quelqu'un dont j'étais très proche à ce moment-là, à qui je dois mon amour pour le golf, et une femme que j'ai toujours énormément respectée, même si nos chemins ont pris des directions différentes... Très compétente, elle deviendra d'ailleurs entraîneuse des équipes de France au début des années 2000.

L'un de ses précieux conseils fut de m'envoyer sur un parcours, faire 18 trous avec un seul club en main, deux balles et quelques tees. Selon elle, il s'agissait de s'adapter et de sortir de son confort de ses 14 clubs habituels. Et à chaque situation de créer un coup adapté à la morphologie du trou. Et si je perdais mes deux balles, j'avais le droit de rentrer à pied au club-house et de réessayer le lendemain.

Bref, je prenais mon fer 5 à chaque fois. Par exemple, au départ d'un par 5, je cherchais à lui donner du draw en balle basse pour gagner en distance. Le deuxième coup devait être stratégique pour éviter les grosses embûches tels les bunkers profonds. Pendant la partie, j'essayais d'avoir des coups pleins à jouer, pour me mettre systématiquement à environ 170 mètres du drapeau. Mais c'est dans le chipping que cela m'a le plus aidé : imaginez un lob shot avec un fer 5 pour passer au-dessus d'un obstacle... Mission impossible parfois. Je devais malgré tout trouver une solution pour faire chip-putt.

Parfois, je trouvais même mon fer 5 plus efficace que mon putter, ayant développé une sorte de feeling sur les greens.

Ce que j'aimais le plus, c'était de me battre à armes inégales : mon fer 5 en main face à mes copains de Bussy-Saint-Georges aux 14 clubs dans le sac, et de les dominer.

Cela ne m'arrivait pas souvent, mais lorsque c'était le cas, je fanfaronnais pendant quelques jours... D'un autre côté, j'étais le meilleur jeune du club.

Concrètement, j'avais un jour sorti une carte de 74 sur ce parcours assez étroit et technique, avec de l'eau et des greens quasiment tous surélevés... Un + 2 dont j'étais si fier, qui reste à ce jour mon meilleur score avec un seul club à ma disposition. À titre de comparaison, avec un sac complet, - 9 reste mon record.

Après chaque partie un club en main, je débriefais avec Anne, et nous organisions nos entraînements en fonction des problématiques rencontrées et des remèdes à apporter. Ensuite, reprendre mon sand-wedge à 20 mètres du drapeau me semblait tout à coup particulièrement facile.

Aujourd'hui encore, cela m'arrive parfois de faire 9 trous muni d'un seul club... Alors maintenant à vous de jouer, tout en liberté, sans sac, et avec le club de votre choix. N'hésitez pas à créer et inventer... Bon courage !

4

VIS MA VIE (DE ROOKIE) SUR LE TOUR (ACTE I)

Je touchais enfin au but… C'était un changement complet d'univers avec son lot d'incertitudes et de découvertes.

À quoi ressemblait la vie d'un joueur professionnel ? Je l'ai découvert dès 1999 en tentant ma chance au tournoi d'accès aux deux circuits du Tour européen (1re et 2e divisions), le tournoi des cartes.

L'idée était de finir le plus haut possible pour pouvoir jouer soit sur le Tour européen (1re division), soit sur le Challenge Tour (2e division européenne). Un système de qualification extrêmement long et sélectif. Je me suis ramassé assez lamentablement, comme au bac, lors d'un tournoi de présélection qui rassemblait 120 joueurs. Seuls les 25 premiers pouvaient prétendre poursuivre l'aventure avec un second tournoi de qualification, tout aussi sélectif. Et je connus une mauvaise semaine alors que tous les voyants étaient au vert. Mon jeu était bien en place mais je me suis probablement mis trop de pression.

Pendant un an, ne me restait plus que des petits tournois français et des Pro-am (une partie de quatre joueurs où trois amateurs peuvent jouer avec un professionnel). Et éventuellement participer en 2000 à un ou deux tournois européens grâce à de généreuses invitations des organisateurs ou de la Fédération française.

Et je fis aussi mes armes sur un parcours que je ne connaissais pas, à l'autre bout du monde, à 14 heures de vol et 10 000 km de Paris, au… Kenya ! Les compétitions du Tour européen ne se déroulent pas toutes sur le Vieux Continent. Ce fut une première invitation sur le Challenge Tour glanée grâce à la Fédération française de golf, un peu sur le modèle des *wild cards* du tennis pour les tournois du Grand Chelem. Et au Kenya, j'ai vraiment très bien joué. Grâce notamment à un birdie au 18, j'ai décroché une belle troisième place au final (derrière Trevor Immelman et Henrik Stenson, tous les deux futurs vainqueurs de Majeur). Ce podium au Kenya représentait surtout un ticket d'entrée inespéré me permettant de jouer toute la saison sur la 2e division européenne…

Quels souvenirs gardés de ma grande première en tant que joueur professionnel, même si c'était la deuxième division ? Un voyage éreintant certes, mais surtout la confirmation que cette vie me plaisait : un lever tôt, des entraînements qui s'éternisent, une vie de groupe entre golfeurs et les décharges d'adrénaline sur les parcours. Jouer pour gagner sa vie : au Kenya, j'ai empoché un beau petit chèque de 7 000 euros, les premiers fruits de mes années de travail.

J'ai enchaîné ensuite une vingtaine de tournois sur le circuit de la deuxième division européenne, sans grosses performances. J'ai terminé l'année 2000 à une modeste 34e place (seuls les 15 premiers décrochaient le droit de jouer sur le Tour européen l'année suivante). Cette année-là, mon compatriote Christian Cévaër termina cinquième, accédant ainsi en première division où il gagnera des années plus tard deux gros tournois (Open d'Espagne et European Open).

Ma 34e place m'assurait tout de même de disputer de nouveau le Challenge Tour en 2001 ? mais j'avais l'ambition de filer directement sur le Tour européen *via* le tournoi de qualification des cartes. Je suis ainsi parti en novembre 2000 dans le sud de l'Espagne pour jouer sur le merveilleux parcours de San Roque, caddéyé par une très proche, et grande golfeuse : Marine Monnet, troisième joueuse européenne. Elle me fit l'honneur de m'accompagner dans ma quête de grandeur.

Je suis arrivé en Andalousie assez détendu, avec tout à gagner sur cette phase de qualification de six tours (avec un cut au bout de 4 jours), et seulement 35 places (sur 240 joueurs) pour accéder au Tour européen l'année suivante. Ce petit marathon entamait les corps autant que les esprits, mais cela ne me pesait pas pour autant. Tout simplement heureux d'être là avec Marine au sein d'un groupe de joueurs français très sympathiques. Dans cette atmosphère de confiance, comme souvent, j'ai bien joué.

24e à l'issue des six tours en jouant très bien, mais puttant horriblement. Tout juste si Marine ne m'a pas demandé de putter les yeux fermés à la fin. Mais l'essentiel était acquis, j'avais décroché mon ticket d'entrée pour le Tour européen ! Ce soir-là, j'étais sans doute le plus heureux des hommes ! J'entrai alors de plain-pied dans le monde professionnel, dans l'élite européenne. Mon rêve devenait enfin réalité, à vingt-quatre ans.

De mes cartes victorieuses, une anecdote me reste en tête. Un soir de ces qualifications, je me lançai dans une discussion avec mon futur coach, Benoît Ducoulombier, qui à l'époque travaillait pour la Fédération française de golf.

« Tu sais, Benoît, j'ai un peu de mal dans les bunkers de fairway…

– Bah écoute, Greg, dans ces bunkers, tu n'as qu'à donner une trajectoire en draw ! »

Le lendemain, je suis tombé dans un bunker. J'ai dû attendre un peu, il y avait du monde sur le green devant moi. La balle en dessous des pieds, et malgré l'énorme chêne situé devant moi, je mis en application les consignes de mon futur entraîneur. Après coup, le contraire de ce qu'il fallait faire dans ce genre de situation.

Ce fut un coup extraordinaire, j'ai posé la balle à trois mètres du trou. Le soir au club-house, je suis tombé sur Benoît en lui lançant : « Tu te rends compte, si je l'avais raté, je t'en aurais voulu toute ma vie ! » Et notre relation de démarrer un peu à partir de ce coup mémorable, comme une sorte de passage de témoin avec Anne Le Coniat.

L'hiver passa alors que je me préparais à faire mes grands débuts sur le circuit. Peu à peu, imperceptiblement, je me suis éloigné d'Anne. Pour quelles raisons ? Ma vie commençait à partir dans une direction, et la sienne dans une autre. Les tournois ont commencé à s'enchaîner, et mes entraînements se structuraient différemment, un peu à la volée en fonction de mes déplacements. Quant à Anne, elle avait pris des responsabilités au sein de la Fédération française de golf en devenant son coach principal.

Arrive donc mon premier tournoi en janvier 2001, en Afrique du Sud, sur un continent qui me portait chance. Ce ne furent pas des débuts tonitruants puisque j'ai terminé 41e.

En ce début d'année, mon jeu était régulier, sans être exceptionnel. Sur les tournois qui se sont enchaînés, j'ai passé beaucoup de cuts sans briller derrière, sauf sur mes terres...

Assez rapidement, en mai, s'est présenté l'Open de France sur le golf de Lyon Villette. Une grande première sur mon Open national, et je me suis retrouvé bien placé, en avant-dernière partie le dimanche dans des conditions météo exécrables. Au départ du 17, j'étais sixième à égalité avec mon partenaire français du jour, Marc-Antoine Farry.

Sur ce par 3, après avoir tapé sa mise en jeu, et alors que j'hésitais entre deux clubs, en rangeant son fer dans son sac, Marc-Antoine a rapidement refermé son sac pour m'empêcher de voir le club utilisé. Surpris, je ne m'y attendais pas et cela m'a perturbé, alors que j'hésitais entre mon 6 et 7... Mais d'un autre côté, cela m'a renvoyé à cet esprit de compétition exacerbé qui régnait sur le Tour. Sur le coup, je n'ai pas très bien pris son attitude. Un brin rancunier, je n'ai jamais abordé le sujet avec lui depuis.

Un fer 6 à la main, j'ai réalisé le par, tout comme lui... Mais à l'arrivée, j'ai terminé un point devant Marc-Antoine, cinquième, grâce à mon birdie au 18. C'était de loin mon meilleur résultat, chez moi, sur mes terres. Une immense satisfaction pour le jeune rookie que j'étais.

Pendant six mois, j'ai été caddéyé par Christophe Angiolini, connu dans le milieu pour ses compétences et aussi pour avoir été le partenaire d'infortune de Jean Van de Velde lors de son célèbre British Open 1999 à Carnoustie. Aperçu aux côtés du joueur français sur toutes les télés du monde, au moment de taper la balle les pieds dans l'eau au 18, certains s'en sont ensuite donnés à cœur joie pour critiquer son absence d'intervention. Devait-il prendre le fer 2 au moment d'attaquer le green alors qu'un double bogey lui assurait la victoire, ou prendre un wedge et jouer la sécurité ? Ce choix incombait-il au caddy ou exclusivement au joueur ? Le joueur est le capitaine du bateau, tout en prenant en compte l'avis de son bras droit. Qu'aurais-je fait à la place de Jean avant d'attaquer le drapeau ? Certainement un choix différent, mais comment me mettre à sa place alors que sa stratégie d'attaque sur les 71 premiers trous lui avait permis d'être en tête au départ du « *Greatest finish in golf 18th hole* ». La planète golf a vécu sur ce tournoi un moment malheureusement inoubliable pour le clan français, mais a aussi vu un tricolore atteindre un niveau de jeu proche de la perfection. Christophe Angiolini était-il le chat noir de Carnoustie ? Évidemment non. Les dieux du golf avaient jeté à l'eau les espoirs de succès d'un deuxième Majeur français, après Arnaud Massy en 1907. Mais comment imputer la responsabilité de l'échec à ce très bon caddy, si ce n'est avec une bonne dose de mauvaise foi.

Sans contrat entre Christophe Angiolini et moi, comme le veut la coutume sur le circuit, et alors que je ne m'y attendais pas du tout, il m'annonça la fin de notre collaboration. Un job dans les médias venait de lui être proposé. Et il touchait un pourcentage sur mes résultats qui n'étaient pas extraordinaires. Il m'a avoué ne pas s'en sortir financièrement.

Juste avant l'Open de Madrid, fin octobre, j'ai appelé un ami, Arnaud Verhaeghe, que je côtoyais sur les parcours et dans mes sorties parisiennes. Il vivotait un peu à l'époque. Excellent joueur amateur, il ambitionnait de passer pro. Dans l'attente, il faisait parfois le barman. Je lui ai donc proposé de faire une pige à mes côtés comme caddy en Espagne, puis en Italie. Et il a accepté assez spontanément. L'alchimie fut au rendez-vous en Espagne, et nous voilà en Sardaigne pour l'Italian Open.

Jusqu'au jeudi matin et mon entrée en lice dans le tournoi, tout se passait très, très mal. Je ne jouais pas bien. Au 1, en perte totale de confiance, j'ai tapé un drive pour me retrouver sur mon deuxième coup avec la balle au-dessus des pieds, dans un terrain assez pentu. Et un peu par hasard, je l'ai tapé en « mode baseball », dans une trajectoire assez horizontale. Résultat : j'ai attrapé le green en deux coups sur ce par 5, pour décrocher un birdie. Une petite lumière s'est allumée dans mon esprit. Et si je continuais à taper des coups comme ça, à l'instinct ? Je n'ai pas tardé à appliquer une nouvelle fois cette technique de « baseball » sur le trou numéro 2, avec la même réussite.

Et trois jours plus tard, j'ai gagné mon premier tournoi sur le Tour devant de sacrés clients : Ian Poulter, Adam Scott, Henrik Stenson, Trevor Immelman. Ce dernier gagna le Masters un peu plus tard, en 2008. J'avais tenu bon pendant quatre jours face à ces gars-là sur une sensation, un pari, un déclic !

Trois ou quatre semaines plus tard, j'ai laissé tomber mon swing de joueur de baseball, car cela ne marchait plus. Mais au moins, j'avais gagné un tournoi en jouant comme ça !

Parmi mes trois victoires, la première sur le Tour reste la plus inattendue. Sur le coup, je n'ai pas vraiment pris conscience de ce que je venais de réaliser, d'autant plus que mes quatre jours italiens, avec mon nouveau caddy, auront été atypiques, voire cocasses. Arnaud Verhaeghe et moi nous sommes retrouvés pliés de rire de nombreuses fois sur le parcours, car il avait la fâcheuse habitude de me donner de mauvaises distances. Plus qu'embêtant pour un caddy, mais je le prenais à la rigolade et lui aussi. Un bon caddy vérifie toujours ses distances, muni de son carnet de parcours, une bible vendue par les organisateurs qui recense les plans des 18 trous avec toutes les mesures possibles (comptez une quarantaine d'euros). Mais les erreurs des caddys, même les plus anodines, peuvent vite arriver. Voici un exemple de dialogue avec mon caddy improvisé :

« Tu as 125 mètres au drapeau, et 113 pour passer le bunker…

— Mais Arnaud, on est au 14 là non ?

— Bah oui, pourquoi ?...

— Parce que tu regardes le plan du 13 !

— Oh, m… Bon bah, ce n'est pas ça alors… »

Et nous d'éclater de rire. Par bonheur, ses erreurs n'ont jamais eu de conséquences, car nous les avons toujours corrigées. Je n'ai jamais vécu cela depuis sur le circuit. Notre dimanche victorieux fut une longue après-midi de fous rires plus incongrus les uns que les autres… Je partageais alors ma partie avec Sven Strüver, un joueur allemand plutôt mutique. Il ne semblait pas plus perturbé que ça par nos échanges avec Arnaud. Et cette bonne humeur communicative m'a permis de lever le trophée et de m'assurer *a minima* deux années supplémentaires sur le circuit.

Une parenthèse enchantée : en 2002, sans Arnaud, je n'étais pas au mieux dans mon jeu, ce qui n'est pas anormal pour un jeune joueur professionnel qui fait ses classes. Au final, je suis passé complètement à côté de ma saison.

En fin d'année, vu mes résultats, je me suis résolu à changer les choses de fond en comble. J'ai pris la décision d'arrêter notre collaboration avec Anne Le Coniat, ma coach de toujours. Un divorce sportif douloureux. Anne, ma grande sœur de golf, cette femme qui m'avait rendu « addict » à la petite balle blanche était une amie très proche de mes parents. Notre séparation n'était pas uniquement liée à mes résultats en dents de scie, mais aussi à notre éloignement progressif, à sa montée en puissance à la Fédération.

Et pour remplacer ma petite Anne, fort de ma victoire en Italie et d'un potentiel à développer, deux options se sont ouvertes : Benoît Ducoulombier, que j'avais connu sur des stages fédéraux, et Fabrice Tarnaud, un joueur ayant arrêté sa carrière deux auparavant. Après avoir les avoir « testés » lors d'une journée passée sur un parcours avec eux, je me suis engagé avec Fabrice Tarnaud, heureux de profiter de son expérience sur le Tour européen.

Malheureusement, malgré mon nouveau coach, et donc des méthodes d'entraînement différentes, 2003 fut une pâle copie de la saison précédente. Seule éclaircie, ma troisième place sur l'Open du Danemark en août, qui me permit plus tard de conserver ma place dans l'élite en 2004 (102e). Ce jour d'été, j'aurais pourtant dû assister au mariage de mon frère Guillaume, l'un des premiers moments où ma carrière est venue grignoter ma vie de famille… Un déchirement, mais c'était ainsi.

Assez rapidement, j'ai commencé à douter du travail réalisé avec Fabrice. Mes résultats parlaient en ce sens. Excepté ma troisième place au Danemark, rien que de bien médiocre et un moral en berne. Le discours de Fabrice Tarnaud, certes juste et pertinent techniquement, ne me correspondait pas vraiment. J'avais grandi avec des images, des sensations, et cet accent mis sur la technique ne se trouvait pas en phase avec mon feeling.

J'ai donc décidé de me tourner vers Benoît Ducoulombier, avec qui je me suis entraîné pendant l'hiver 2003-2004 dans le sud de la France. Avec lui, j'ai retrouvé des sensations assez proches de la belle osmose que j'avais connue avec Anne Le Coniat. Très vite, notre relation s'est située au-delà du simple rapport entraîneur-entraîné. Notre complicité s'est installée sans crier gare. Nous avions beaucoup à nous dire et pas seulement en matière de golf. J'avais trouvé un confident. Et il avait surtout le don de tirer le meilleur de moi-même, de me transcender.

En janvier 2004 se tenait le Dunhill Championship en Afrique du Sud, à Johannesburg, dans un cadre hyper protecteur, qui tranchait avec les images de violence et d'insécurité associées au pays. Dans tous mes voyages, je ne manquais pas de m'imprégner de la vie locale et de visiter un maximum de sites. Je m'évadais, je n'étais pas focalisé à 2 000 % sur le golf. Le célèbre parc Kruger est sans doute l'une des plus belles réserves animalières au monde. Un espace immense de plus de 300 kilomètres de long, sur 60 de large, paradis des safaris. À 4 heures de Johannesburg. Et je me suis offert un joli cadeau en allant observer les animaux sauvages. Plus précisément un « big five », comme on dit là-bas : les cinq animaux les plus recherchés à savoir le lion, le buffle, le léopard, l'éléphant et le rhinocéros.

Il existe un autre parcours où les animaux sauvages sont encore plus proches des joueurs, à Perth, en Australie. Des kangourous s'y baladent en liberté sur les trous, à tel point qu'il faut parfois laisser passer la famille kangourou avant de taper la balle.

Le parcours de Hong Kong faisait également partie de mes spots préférés, quoique moins sauvage. J'adorais commencer ma balade par du shopping à Hong Kong Island, prendre le Star Ferry pour me rendre à Kowloon, et me perdre dans les rues de ce quartier populaire. Et l'endroit idéal pour terminer ma journée : le dernier étage du Peninsula Hôtel pour un dîner au *Félix* (designé par Starck), avec vue imprenable sur la baie.

Retour au Dunhill Championship 2004 sur lequel j'ai joué. Et Benoît Ducoulombier n'avait pas fait le voyage. Il m'accompagnait en moyenne sur la moitié des tournois. Seul comme un grand en Afrique du Sd, je me suis retrouvé en play-off face à l'un de mes meilleurs amis, Raphaël Jacquelin, et un autre proche, l'Allemand Marcel Siem. Un immense bonheur.

Au départ du 18, nous voici tous les trois sur ce par 5, dogleg gauche assez court. Après trois bons drives, Marcel et « Raph » ont pris le green. Pour ma part, je me suis un peu loupé, finissant court en bord de green, avec une très mauvaise position de balle et un lie délicat. Un coup tellement difficile que je l'ai presque tapé en fermant les yeux. J'ai ouvert énormément la face afin de réduire la distance, puis tapé très fort. Et ma balle a terminé à quelques centimètres du drapeau. Une formalité pour finir et réaliser le birdie. Birdie également pour mes deux adversaires et direction à nouveau le départ du 18 pour le play-off. Ma route va malheureusement s'arrêter sur mon deuxième trou de play-off. J'ai réalisé le par mais ce fut insuffisant, car mes deux compères obtinrent le birdie… Au final, Marcel Siem vint à bout de Raph pour s'imposer dans le tournoi.

Quelques semaines plus tard, à Dubaï, se tenait l'un de mes tournois préférés, le Desert Classic. J'ai tellement apprécié l'endroit que j'y ai rapidement visité des maisons témoins pour m'y installer. Les parcours impeccables et bichonnés offraient de magnifiques terrains de jeu pour s'entraîner au chaud l'hiver. La ville, ultrafuturiste, avec ses buildings flambant neufs à perte de vue, m'attirait énormément. Elle me faisait un peu penser à Hong Kong. J'éprouvai à ce moment-là l'envie de tenter une nouvelle expérience. Ma première femme, Élodie, était partante. Autre argument à ne pas négliger : l'absence d'impôts, un bon moyen d'attirer les grands sportifs, surtout s'ils habitaient dans des pays à forte fiscalité. J'ai donc franchi le pas en 2004. J'ai acheté une maison sur plan dans un lotissement. C'était le plus petit modèle de pavillon avec une modeste superficie de 330 mètres carrés.

En souvenir de Bussy et du pavillon familial donnant sur le golf, cette maison disposait d'une vue imprenable sur un magnifique parcours dubaïote, à un très bon prix. Aujourd'hui, à Dubaï, le prix du mètre carré a quadruplé. Un très bon choix sur le plan sportif et également social, mes proches venant passer toutes leurs vacances chez moi. Cependant, l'expérience a tourné court. Sans doute trop isolée, sans réelle vie sociale, ma femme ne s'y plaisait guère. Elle a souhaité revenir dans l'Hexagone après la naissance de notre fille Jeanne en 2006. Et je n'ai pas eu beaucoup de difficultés pour trouver un acquéreur en mars 2007. Une seule visite a suffi. Et à Dubaï pas besoin de notaire. La poignée de main a encore du sens. La transaction s'est faite en présence du constructeur initial qui a apporté sa caution.

Retour en France début 2007 à Aix-en-Provence, cette fois. Nous étions devenus accros au soleil ! Pour moi, le Parisien supporter du PSG, habiter dans les Bouches-du-Rhône, dans le fief de l'OM, ne me posait aucun problème. J'étais surtout content de m'installer dans le Sud.

Mon amour du Paris Saint-Germain m'a parfois permis de jouer de mauvais tours à des camarades du Tour, notamment Mathieu Pavon. Un jour, nous jouions une partie au golf du Médoc. Nous nous sommes lancé un pari un peu potache : si Mathieu perdait, il devait poster sur ses réseaux : « Allez Paris, vous êtes les plus forts. Je vous aime. » J'aurais dû en faire de même avec le club bordelais. La cible parfaite, le fils de Michel, ancien milieu des Girondins de Bordeaux, champion de France en 1999... Et je n'ai évidemment pas laissé passer ma chance !

J'ai un autre souvenir aux Étoiles du sport, un programme de parrainage où des sportifs accomplis prennent sous leur aile des espoirs au gros potentiel. Nous avons joué un match de foot à cinq contre cinq. Dans mon équipe se trouvaient Thomas Levet, Romain Langasque, un journaliste et une handballeuse junior. Et incroyable, nous sommes venus à bout de nos adversaires, Christian Karembeu, Youri Djorkaeff, Alain Boghossian, et Michaël Llodra, très bon joueur de foot. Nous avons accroché les trois champions du monde ! Nous, les golfeurs, avions notre tactique : moi à la passe et un énorme tir de Thomas Levet. Même les Brésiliens et Ronaldo n'y étaient pas arrivés en finale de Coupe du monde.

Pendant cette période, de 2004 à 2006, sur le plan golfique, j'ai conservé chaque année mes droits de jeu sur le Tour européen. Je ne faisais guère parler de moi, jouant avec une belle régularité, sans faire de « perf » incroyable. Pour mettre un peu de piment dans ces années de transition, avec Raphaël Jacquelin, nous avions un deal : à chaque top 10, le joueur payait sa bouteille en boîte de nuit à Paris. Et nous avons pas mal bu à sa santé avec les autres fêtards du groupe (Jean-François Rémesy, Nicolas Colsaerts, Marcel Siem, l'Anglais Barry Lane marié à une Française et vivant à Paris). Jugez plutôt : Raphaël Jacquelin a réalisé dix-huit tops 10 en trois ans ! Je me suis contenté de onze ! Mais tout cela fit un nombre respectable de bouteilles…

Le dimanche soir, après les compétitions, nous prenions l'avion direction la capitale. Dans la foulée, nous dînions entre potes, avec ma « bande parisienne ». Puis c'était la fiesta dans les boîtes du 8e arrondissement. Nous avons réussi à traîner dans nos virées une de mes idoles, Barry Lane, joueur de Ryder Cup et vainqueur entre autres d'un WGC (Championnat du monde). Il appartenait à une génération qui avait un peu passé l'âge d'aller en discothèque… La palme de l'humour et de la bonne humeur revenait indéniablement à Nicolas Colsaerts et Marcel Siem.

Au mois de mai 2007, je me sentais bien dans mon jeu, mais sans avoir de grands résultats.

Le « back et hit » évoqué précédemment, et mis en place avec mon coach mental, Jos Vanstiphout, m'était précieux. Il m'avait indéniablement permis de franchir un cap, d'obtenir une appréciable régularité. Belge francophone, Jos coachait beaucoup de joueurs : Retief Goosen,

Thomas Bjørn, Nicolas Colsaerts, Thomas Levet mais surtout Ernie Els, dont il était le mentor. Jos était quelqu'un de très facile d'accès. Il inspirait confiance et bienveillance. J'ai tout de suite bien accroché avec lui. Dans nos discussions, il me posait beaucoup de questions, je n'avais jamais le sentiment de travailler. Il me distillait ses conseils subtilement sur la manière d'approcher les coups, d'observer, d'analyser les situations. Et sur les parcours, il me défiait souvent sur le mode : « Tu vois cet arbre ? Je veux que tu atteignes la feuille sur la branche du bas ! »

En juin 2007, ma quinzième place à cinq coups du vainqueur, l'Anglais Graeme Storm, au golf national de Saint-Quentin, lors de l'Open de France, fut porteuse d'espoirs. Et ce malgré mes catastrophes sur les trous 1 et 16. J'enchaînai ensuite avec une belle troisième place en Irlande, sur le K club, dans un gros tournoi en banlieue de Dublin. Je confirme que je me trouvais bien « *in the zone* ».

En Écosse, au mois de juillet, tout le travail fourni avec mon préparateur mental a porté ses fruits de façon éclatante. J'écoutais sans cesse un CD sur mon vieux lecteur, une bande-son d'une vingtaine de minutes réalisée par Jos. Sur fond de vagues et de sons paisibles de la nature, il me répétait des phrases positives : j'allais remporter un Majeur, j'étais le meilleur, j'allais rentrer un putt extrêmement difficile… Des coups parfaits, encore des coups parfaits. J'étais un dieu du golf ou presque. Et j'en étais persuadé au moment de taper mes premières balles sur le très prestigieux parcours de loch Lomond, à côté de Glasgow.

Pas le moindre bogey sur mes 45 premiers trous... Je pointais à la deuxième place le samedi soir, à un point de Phil Mickelson (alors troisième joueur mondial). Déjà multiple vainqueur de Majeurs, « Lefty » (le gaucher) jouait en Europe pour préparer le British Open. Et pour la première fois de ma carrière, je me suis retrouvé en dernière partie d'un tournoi avec une légende du jeu. Je l'ai croisé sur le putting-green, vingt minutes avant le départ, sans stress pour l'un de mes plus grands rendez-vous. Trois ans auparavant, sur le même parcours, en dernière partie avec l'Espagnol José Manuel Lara, j'avais mal géré mes émotions dans un tournoi aussi important, finissant dixième avec une carte de 80 le dimanche (+ 8) loin de Thomas Levet, auteur lui d'un 64 (- 8).

Mais en 2007, c'était une tout autre musique. Je disposais désormais de mon CD miracle dans la poche, et Jos dans la tête pour obtenir ma revanche sur ce parcours, véritable chef-d'œuvre « *in land* », en opposition avec les « *links* » (collés à la mer).

Mes débuts sur ce dernier tour du tournoi furent plutôt laborieux. Par au 1, bogey au 2, mauvais drive mais birdie au 3, avant une sortie de bunker et un putt improbable au 5. Les montagnes russes en termes de jeu et d'émotions. Les choses ont commencé à tourner dans le bon sens à partir du 7 où j'ai rentré mon chip. Le *mano a mano* avec le célèbre gaucher américain fut équilibré et s'est poursuivi jusqu'à la fin. Mickelson, qui m'impressionnait beaucoup par son jeu fantasque, son petit jeu et ses lobs shots mémorables, attaqua à tout-va face à moi, tout comme les autres stars du circuit en chasse lors de ce dernier tour (Ernie Els, Luke Donald et Ian Poulter)... Nous avons un peu discuté sur le parcours, notamment sur les trous 9 et 10.

« Tu aimes bien venir jouer en Europe ?

— Oui, j'adore. Chaque semaine qui précède le British Open, j'aime venir m'acclimater aux îles Britanniques, et arriver un peu tôt pour mieux maîtriser le décalage horaire.

— Et donc, tu aimerais venir jouer un peu plus souvent en Europe ?

— Oui, j'envisage même de venir jouer plus souvent sur le Tour européen afin de découvrir l'Europe.

Chose qu'il n'a jamais faite, et cela ne m'étonne pas vraiment, car l'Américain a la vilaine réputation de vous dire ce que vous avez envie d'entendre.

Les choses sérieuses ont commencé au 14, avec deux points d'avance pour Mickelson. C'était un petit par 4 de 270 mètres avec deux options : l'une « *safe* », et l'autre plus risquée en visant directement le green avec le driver.

« Lefty » a pris son driver pour expédier sa balle en bord de green. J'ai utilisé mon bois 3 et placé ma balle de telle sorte qu'il me restait à jouer une autre ligne à 80 mètres du drapeau. Avec mon sand-wedge 58 degrés, j'ai posé délicatement ma balle à environ cinq mètres. Mickelson, spécialiste du petit jeu, fera une gratte (mauvais coup où le club entre en contact avec le sol avant de toucher la balle). Sa deuxième approche finit, elle, à proximité du mat. J'ai ensuite rentré mon putt : birdie pour moi, et finalement bogey pour l'Américain après son putt manqué. Nous étions donc à égalité au départ du 17. Il a rentré un impressionnant putt de douze mètres sur ce par 3 majestueux donnant sur le loch Lomond, du nom du parcours. Birdie pour lui et par pour moi. J'ai pris un sérieux coup sur la tête sans pour autant rendre les armes. Il disposait d'un point d'avance sur moi. Le 18 était très exigeant au driving et une mise en jeu égarée annulait quasiment les chances de prendre le green au coup suivant.

Sa balle est partie à droite, dans un délicat bunker mal placé. J'y ai cru un peu plus fort après mon très bon drive, idéalement placé pour attaquer le drapeau.

Comme prévu, Phil n'a pas pu prendre le green, il est resté un peu court sur sa sortie de bunker. La dynamique était indéniable de mon côté. Certains parleront de bonne étoile. J'ai tapé un superbe coup de fer 6, trop long de 6, 7 mètres, certainement à cause de l'adrénaline.

Le play-off s'est donc joué au putting. J'ai loupé ma tentative de birdie d'un cheveu, et lui a manqué le par. Nous étions donc à égalité après 72 trous, et sommes repartis tous les deux pour l'explication finale au départ du 18, ce trou que j'adorais et où je me sentais à l'aise.

Le multiple vainqueur de Majeurs eut l'honneur d'engager. Et ce fut la catastrophe. Sans doute échaudé par son coup précédent trop à droite au départ de ce même trou, Mickelson a surjoué à gauche... pour atterrir dans l'eau du lac.

Dans la foulée, j'ai joué la sécurité et expédié mon drive en plein milieu. La victoire me tendait les bras. Sauf qu'en arrivant près du lac, nous nous sommes aperçus que la balle de Mickelson était finalement assez jouable dans l'obstacle... Et après avoir pris tout son temps, il réalisa un super « *recovery* » (coup de rattrapage) pour finir à vingt mètres du green. Mon adversaire renaissait de ses cendres. Je m'étais peut-être vu trop beau trop tôt...

À moi de jouer, mon fer 6 en main. Je touchai nettement moins bien la balle qu'un quart d'heure auparavant, et terminai dans le bunker de droite. Et là, je me dis : « Ouh là, attention à la crème renversée ! »

En arrivant sur ma balle, bonne surprise, elle n'était pas pluggée (enfoncée dans le bunker). C'était donc une sortie relativement facile à effectuer. Et je me suis appliqué pour poser la balle à deux mètres du drapeau. Mickelson, lui,

Pause avec José-Filipe Lima (à gauche) et Thomas Levet (à droite) mes proches copains du Tour.

Avec Raphaël Jacquelin, mon grand copain sur le Tour.

Avec Earnie Els, mon idole avec qui j'ai une vraie complicité.

En 2011, avec Aude ma femme à Augusta pour le concours de par 3.

Moi et ma première coach Anne Le Coniat.

Jean-Damien, mon meilleur pote, c'est lui qui m'a cadeyé au Trophée Lancôme.

Avec ma femme Aude et mes trois enfants Edgar, Alix, et Jeanne.

Jeanne et ma mère Monique au restaurant La Corniche à Arcachon.

Avec mon père Dominique en Irlande.

Moi, ma mère, et mes frères Frédéric, Hugues et Guillaume.

Avec mon incroyable coach Benoit Ducoulombier à Saint Donat.

Après ma victoire à l'Open d'Écosse en 2007, avec Thomas et Raphaël.

3e coup du trou n° 9 à Cran sur Sierre en Suisse.

Pendant les parties d'entraînement au trou n° 13 d'Augusta.

Game: 33 Round:4 Time: 13:50
Date: Sunday,15 Jul 2007 Tee 1

Grégory HAVRET (FRA) 202 68
Agg: 68 64 70

270

BARCLAYS
SCOTTISH OPEN
Loch Lomond Golf Club
12th – 15th July 2007

Hole	1	2	3	4	5	6	7	8	9	Out
Metres	389	416	473	352	174	572	402	146	311	3235
Yards	425	455	518	385	190	625	440	160	340	3538
Par	4	4	5	4	3	5	4	3	4	36
Score	4	5	4	4	3	5	3	3	3	34

Hole	10	11	12	13	14	15	16	17	18	In	Total
Metres	416	215	379	512	339	379	448	187	414	3289	6524
Yards	455	235	415	560	371	415	490	205	455	3601	7139
Par	4	3	4	5	4	4	4	3	4	35	71
Score	5	3	4	4	3	4	4	3	4	34	68

Signature of Marker

Signature of Competitor

Ma carte de score signée par Phil Mickelson.

Je serre la main de Phil Mickelson après l'avoir battu à l'Open d'Écosse en 2007.

Au départ du 8, le long du Pacifique, avec nos caddies Garry Melia et Steve Williams.

Tiger et moi cherchons nos lignes de putt.

À l'entraînement, le 2e coup du 8 de Pebble Beach, avec mon caddie et ma mère.
En arrière plan on aperçoit les trous n°9 et 10.

Official Score Card
110th U.S. Open Championship ®
Questions as to the Rules of Golf must be referred to the USGA Rules Committee

Gregory Havret

Competitor
Round 4 Date 06/20/10 Hole # 1 Time 2:05 pm

USGA

For USGA Use
Previous Total 213
This Round 72
New Total 285
Verified: BL Board: TPP:

HOLES	1	2	3	4	5	6	7	8	9	OUT	10	11	12	13	14	15	16	17	18	IN	TOTAL
YARDS	380	502	404	331	195	523	109	428	505	3377	495	390	202	445	580	397	403	208	543	3663	7040
PAR	4	4	4	4	3	5	3	4	4	35	4	4	3	4	5	4	4	3	5	36	71
Havret, Gregory	3	4	4	4	3	4	3	5	4	34	5	4	3	4	5	4	4	4	5	38	72

Marker's Signature
Gregory Havret - Signature

Ma carte de score, n° 2 de l'US Open, signée par Tiger Woods.

Un de mes plus grands moments de golf, j'ai toujours été fan de Tiger Woods.

Au milieu, le célèbre golfeur et showman sud-africain Gary Player et mon grand collègue belge Nicolas Colsaerts.

Le debrief de Thomas Bjorn dans le vestiaire de la Ryder Cup en 2018, le samedi avant de rentrer à l'hôtel.

Selfie avec Rory McIlroy pendant la compétition.

Et un autre avec la paire Henrik Stenson et Justin Rose.

Avec la coupe de la victoire et notre capitaine Boris Bjorn.

Moi et Pascal Grizot, soulagés après la réussite de cette belle compétition.

Après une période de doute, Alex Levy gagne à nouveau en 2016 à l'Open Porsche. Je suis très heureux pour lui. Ce jour-là, je finis dans le top 10.

Avec David Ginola pendant la cérémonie d'ouverture.

ne sauva pas son par. J'avais donc mon destin entre mes mains avec ce putt pour conclure en beauté la plus belle semaine de ma vie de golfeur. Je n'ai pas tremblé. Avec une trajectoire impeccable, ma balle a fini dans le trou, sans aucun suspense. La délivrance, le sentiment du travail bien fait ! Quelques secondes après avoir serré la main d'un Américain très déçu, Thomas Levet, Raphaël Jacquelin et un caddy français, Basile d'Alberto, me sautèrent dessus m'arrosant généreusement de champagne. Sans doute la plus belle douche de ma vie, même si cela piquait un peu les yeux. Et comme un bonheur n'arrive jamais seul, en annonçant ma victoire à ma femme Élodie, j'appris que ma fille Jeanne venait de faire ses premiers pas.

La remise des prix se fit assez rapidement sur le green du 18. Mon discours fut retransmis en direct sur la BBC, alors que je maîtrisais à ce moment-là encore assez mal la langue de Shakespeare. La voix chevrotante, je me suis contenté des banalités d'usage, les remerciements aux organisateurs et à tous ceux qui me soutenaient depuis si longtemps. Je n'ai pas révolutionné l'exercice.

Grâce à ma victoire, j'ai validé mon ticket pour le mythique British Open de juillet. Mon tout premier Majeur ! J'entrais ainsi de plain-pied dans le gratin européen et mondial. Petit bonus, les propriétaires du loch Lomond m'ont proposé de dormir le dimanche sur place, dans un luxueux bungalow collé au départ du 8.

Après avoir dîné avec Thomas Levet et Basile d'Alberto au club-house, j'ai décidé d'aller me promener seul sur le parcours, sous une lune bien pleine. Ce fut une belle marche digestive. J'avais encore un peu de mal à ingurgiter cette victoire qui ferait date dans ma carrière.

Une semaine plus tard, lors de mon premier Majeur, au British 2007 à Carnoustie, je n'étais pas encore redescendu de mon petit nuage. J'ai eu toutes les peines à me remobiliser sur un autre style de parcours, un « links », dans un tournoi d'une autre dimension. Et la sanction fut immédiate : une élimination sans aucun relief après seulement deux jours de compétition. Je pouvais rentrer tranquillement à la maison et programmer ma fin d'année : mon succès à loch Lomond m'avait ouvert les portes d'autres parcours prestigieux. J'avais l'embarras du choix.

Cette bonne saison 2007, l'une de mes meilleures de ma carrière, m'a permis de me qualifier en fin d'année pour la Coupe du monde en double avec Raphaël Jacquelin. Depuis le début des années 2000, la France était systématiquement représentée par la paire Levet-Jacquelin, mais cette année-là, mes performances me permirent de m'envoler pour la Chine en novembre. Cette épreuve par équipe me tenait particulièrement à cœur. Ce fut une semaine fusionnelle avec mon ami Raphaël, un monstre d'entraînement et d'implication. J'essayai tant bien que mal de me hisser à son niveau, impressionné par sa manière si particulière de compartimenter sa vie, entre le privé et le professionnel.

Malheureusement, il n'y eut pas la victoire au bout. Nous échouâmes à un misérable point du play-off qui opposa les Américains aux Écossais. Je garderai tout de même en mémoire ces fabuleux moments passés à deux, prouvant ainsi que le golf peut être un formidable sport d'équipe. Avec Raphaël, c'était une relation pour la vie qui allait trouver son prolongement lors de la plus belle des compétions de golf par équipe…

Mes conseils de golf pour la vie (4)

FADE OU DRAW ?

Lorsque je m'entraînais dans mes jeunes années avec Anne Le Coniat, l'un de ses exercices favoris consistait à me faire faire des effets en jouant sur le corps.

Quand on souhaite donner un effet à la balle, de gauche à droite (fade), de droite à gauche (draw), on s'aligne par exemple dix mètres à gauche du drapeau, tout en plaçant sa face de club à cinq mètres à gauche du mat... Si le swing est bien réalisé, la balle sortira cinq ou six mètres à gauche du drapeau pour finir à l'objectif.

Au cours des entraînements, Anne me demandait de monter le club, et en haut du back-swing (montée), me disait « fade ou draw ? »... Et je devais donc ajuster ma descente en jouant un peu plus avec le haut du corps (pour le fade), et faire revenir le club un peu plus de l'intérieur (pour du draw).

J'ai toujours beaucoup apprécié cet exercice, car cela me donnait liberté et créativité.

J'y arrivais sans problème, et cela me permettait en tournoi de sortir de situations compliquées : éviter un arbre, une attaque de drapeau enfermée, ou encore dompter le vent et des conditions climatiques délicates.

Si vous souhaitez vous amuser au practice avec un ami, en haut du back-swing, fade ou draw, *that is the question* ! Et envoyez-moi vos vidéos sur mon compte Instagram greghavret !

5

RYDER CUP 2018, DANS LES COULISSES DU SACRE EUROPÉEN

Une simple session de practice peut parfois vous ouvrir des portes inattendues. En cette journée de janvier 2018, je tapais tranquillement des balles à l'Abu Dhabi Golf Club, premier gros tournoi de la saison.

Raphaël Jacquelin vint me voir et m'annonça : « Thomas Bjørn veut nous parler. Est-ce que tu as cinq ou dix minutes aujourd'hui ? Je pense que c'est en rapport avec la Ryder Cup. Il va peut-être nous proposer quelque chose… »

Pensez donc, Thomas Bjørn, le capitaine de l'équipe européenne ! Ce n'était pas pour parler du soleil écrasant des Émirats.

Au club-house, plus précisément au *players lounge* (restaurant dédié aux joueurs), nous nous sommes retrouvés impatients, les deux Frenchies, avec le capitaine danois de l'équipe européenne. Bjørn, je le côtoyais depuis des années sur le Tour. Je m'entendais plutôt bien avec lui, même s'il traînait la réputation d'un caractère bien trempé, difficile à gérer… Pas le genre d'homme à faire profil bas en cas de désaccord. Un excellent joueur du Tour qui avait connu une très belle carrière. Il avait d'ailleurs joué la Ryder Cup à plusieurs reprises.

L'entretien fut rapide et franc, à son image. Pas plus de cinq minutes. Il nous demanda si nous serions intéressés pour participer fin septembre à la Ryder Cup en France, d'une manière ou d'une autre, même si nous n'étions pas qualifiés pour la jouer. À ce moment-là, dans les classements, Raphaël et moi étions assez loin. Le seul Français à pouvoir ambitionner une sélection pour cette mythique compétition était Alexander Lévy. Nous comprîmes à demi-mot que le Danois voulait assurer une présence française pour cette première Ryder Cup de l'histoire dans l'Hexagone. Dans ce bref échange, il prit quelques instants pour nous avouer à quel point il comptait sur le public tricolore dans sa quête de victoire, deux ans après la déroute européenne de Hazeltine dans le Minnesota. Son analyse était assez simple : il ne voulait surtout pas voir les Français basculer du côté de leurs idoles : Woods et Cie.

Thomas Bjørn nous a donc demandé : « Est-ce que cela vous intéresse de faire partie de l'équipe avec moi ? »

Raphaël et moi nous sommes regardés l'espace d'un bref instant. Puis Raphaël a lâché : « Pour faire quoi ? » Thomas Bjørn a répondu du tac au tac : « Faites-moi confiance. Je m'en charge. Je vous donne rendez-vous à la Ryder au Golf National. »

La saison avançant, Alexander Lévy s'éloigna malheureusement des places qualificatives pour la grande compétition de septembre 2018. J'étais très proche de lui et l'un de ses premiers supporters pour qu'il fasse partie de l'équipe, persuadé de son talent. Mais il ne fit pas partie de l'aventure. Que lui a-t-il manqué ? La pression était-elle trop grande pour devenir après Jean Van de Velde (1999), Thomas Levet (2004) et Victor Dubuisson (2014) le quatrième Français à la disputer ? À Gleneagles en Écosse, où je me trouvais pour assurer les commentaires pour la radio officielle de la Ryder Cup 2014, Victor Dubuisson avait éclaboussé cette édition de tout son talent et son sang-froid.

Ai-je un jour été proche de jouer ce Graal de match en équipe ? Si la compétition avait eu lieu en 2007 ou 2011 (mes deux meilleures saisons), la question aurait éventuellement pu se poser, notamment en 2007. Cette année-là, j'avais d'ailleurs participé au Seve (Ballesteros) Trophy opposant les Européens aux îles Britanniques. J'y avais remporté mes doubles contre Warren-Montgomerie et Rose-Dougherty, aux côtés de… Raphaël Jacquelin.

La compétition approchant, on nous expliqua quel serait notre rôle. Raphaël serait l'assistant du capitaine Thomas Bjørn et moi du vice-capitaine suédois Robert Karlsson, ancien joueur de Ryder Cup. En fait, je ne m'attendais pas à beaucoup mieux. Si j'avais un jour participé à cette compétition, j'aurais pu prétendre à un poste plus ambitieux, notamment en France, mais ce n'était pas le cas. Et j'étais déjà flatté de faire partie de l'aventure. Avant Abu Dhabi et le rendez-vous avec Bjørn, je n'aurais pas imaginé une seule seconde intégrer le staff. C'était une belle surprise dans cette année 2018.

Avant le début de la compétition, Raphaël Jacquelin et moi faisions partie d'un groupe WhatsApp dédié aux joueurs français, où le greenkeeper (chef des jardiniers chargé de l'entretien du parcours) nous tenait informés de l'état du parcours de l'Albatros. Et en y regardant de plus près, je me suis parfois demandé si le parcours n'avait pas été façonné de manière à avantager l'équipe européenne.

Le lundi 24 septembre, quatre jours avant l'ouverture de la compétition, Raphaël Jacquelin et moi sommes arrivés au Trianon de Versailles, hôtel 5 étoiles en face du château. Un cadre parfait pour entamer une confrontation royale. Les deux délégations y étaient logées mais l'organisation impeccable avait réservé une aile pour les Américains et une aile pour les Européens. Tout était fait pour que personne ne se croise. Chacun ses couloirs, chacun ses ascenseurs, chacun sa salle à manger. Mais ce n'était pas une prison non plus. Il est arrivé que des joueurs se croisent, notamment à la réception.

Dès le lendemain, les joueurs étaient à pied d'œuvre sur le parcours de Saint-Quentin pour les premières parties d'entraînement.

Rory McIlroy, Sergio García, Jon Rahm, Ian Poulter, Henrik Stenson, Justin Rose, toutes les vedettes des Ryder Cup passées mélangées à quelques rookies étaient bien présentes. Leurs premières sensations furent bonnes, excepté Henrik Stenson pas vraiment dans le coup et un peu tendu.

Malgré mes années sur le Tour et les affinités que je pouvais avoir avec certains (Henrik Stenson, Justin Rose, Sergio García, notamment), je n'avais finalement pas beaucoup de contacts avec les douze joueurs de l'équipe. Nous nous sommes rapidement rendu compte de la frontière entre deux mondes : d'un côté les joueurs, caddys et capitaines et de l'autre, le reste du staff, les équipes de communication, la logistique et tous ceux qui gravitaient autour de l'organisation.

Nous ne mangions pas à table avec les joueurs, nous les côtoyions assez peu. Cette bulle protectrice devait favoriser leur concentration sur l'événement. Certains étaient très copains, notamment Justin Rose, Ian Poulter et Henrik

Stenson, qui formaient un joyeux trio… Une vidéo avait d'ailleurs tourné pendant la semaine où l'on voyait Rose, champion olympique à Rio en 2016, chambrer Stenson, médaillé d'argent… Ils fêtaient l'anniversaire d'un enfant. Tout cela avait contribué à mettre une bonne ambiance dans le groupe.

Thomas Bjørn cherchait absolument à entretenir cette belle convivialité. Il organisa notamment une soirée avec un humoriste irlandais, Conor Moore alias @ConorSkeytches, l'humoriste des golfeurs (proche de Rory McIlroy notamment). Le comique fit son petit effet sur l'assemblée en imitant et en se moquant des douze joueurs de l'équipe… Une soirée mêlant rigolades et émotions, avec ensuite une vidéo de témoignages d'ex-capitaines de Ryder Cup pour motiver les troupes. Il y eut aussi un passage émouvant, très fort, au moment où José María Olazábal craqua en évoquant la mémoire de Severiano Ballesteros, l'un des plus grands joueurs de l'histoire de la Ryder Cup, emporté trop tôt par une tumeur cérébrale.

Lors de cette soirée, la motivation des joueurs était palpable. On sentait qu'ils feraient tout pour rapporter le trophée à l'Europe. Ils ne parlaient que de ça. Créer l'alchimie entre douze individualités concentrées sur leurs performances le reste de l'année n'est pas chose aidée. Pour une fois, le collectif devait primer… Ce que l'on sentira moins chez les Américains, moins soudés.

Des rumeurs commençaient à sortir chez les journalistes spécialisés, à propos notamment d'une altercation dans le vol Atlanta-Paris entre Dustin Johnson et Brooks Koepka, signe annonciateur d'une ambiance délétère et d'une déroute à venir. Pour tenter de calmer le jeu, le capitaine de l'équipe américaine, Jim Furyk, serait monté au créneau pour leur rappeler l'importance de défendre les couleurs du drapeau US, sans finalement y parvenir.

Le mercredi, huit ans après ma journée en solo avec Tiger à l'US Open, je retrouvais Woods the « GOAT » (*Greatest of all time*), cette fois chez moi, au Golf National avec dans mes mains des photos de lui et moi à Pebble Beach.

Pour la petite histoire, c'est Alexander Lévy, l'un de mes meilleurs amis, qui avait insisté : « Mais tu es c... de ne pas lui faire signer ! »

Alexander avait raison. Je me fis donc tirer deux belles photos de Woods et moi estampillées 2010, en train de discuter de nos enfants sur le parcours... ou de Knysna. Je les avais dans la voiturette où j'ai passé une grande partie de mon temps lors de cette Ryder Cup.

Bref, Tiger, je le pistais un peu sur le parcours et autour. Puis l'occasion s'est présentée sur le chemin entre le QG américain et le practice. J'étais en pleine discussion avec Raphaël Jacquelin. Nous étions quelques-uns ce mercredi matin à vouloir faire signer quelque chose à l'Américain, et je me suis retrouvé à sa gauche. Nous n'étions plus que trois, moi au milieu entre Woods et un fan. À mon tour, je lui glisse ma première photo. Dans une impressionnante mécanique, il la signe, la regarde à peine, comme une forme de mépris à mon égard qui me décevra terriblement. M'a-t-il reconnu ? Pas certain.

Quelques années plus tard, Richard Sterne, un joueur sud-africain du Tour à qui j'avais raconté l'anecdote, eut la bonne analyse : « Tu aurais dû le regarder et déchirer ses photos ! »

L'indifférence de Tiger Woods me heurta, mais ce n'était rien comparé à ce qui se passa ensuite. Au moment où je tendais ma deuxième photo à l'Américain, je ne sais pas pourquoi mais le fan à ma gauche me bouscula en trébuchant. Et avec l'effet domino, à mon tour, je mis un léger coup d'épaule à Sa Majesté le Tigre !

Avec beaucoup de malchance, il mit le pied droit sur une petite marche, ce petit rondin de bois entre le chemin et le putting-green à côté du practice. Il ne tomba pas mais fit mine de se fouler la cheville, et de ne plus pouvoir poser le pied par terre.

Je me sentais désemparé, stupide, incapable d'esquisser le moindre geste pendant quelques secondes, le rouge qui monte aux joues. D'autant plus que sa réaction fut disproportionnée, surjouée. Je me voyais déjà responsable de l'impensable. Imaginez Tiger Woods qui déclare forfait pour la Ryder Cup à cause de moi et d'une cheville foulée ? Un scénario catastrophe.

Tiger Woods se mit à lancer des insultes dans le vide. « Put…, mer…, mon pied, fait ch… » Mais il n'avait pas suivi des cours à l'Actor Studio. Tout cela sonnait assez faux. On le sentait hyper tendu, stressé, pas vraiment dans son assiette. Il n'était surtout pas dans le coup pendant la Ryder Cup à Paris, se montrant assez désagréable pendant toute la semaine.

Trente secondes après l'incident, comprenant qu'il n'avait rien et retrouvant son calme, il me lança, mi-figue mi-raisin : « Hein, c'est parce que je vieillis ! » Puis il me dédicaça ma seconde photo avant de tourner les talons et de disparaître.

Pendant cette semaine, l'Américain se sera surtout distingué par son comportement, extrêmement fermé, qui contrastait avec sa victoire quelques jours plus tôt à Atlanta, dans le prestigieux Tour Championship, qui opposait les trente meilleurs joueurs du circuit américain.

Il avait démontré un tel niveau de jeu, un tel mental et une telle envie, écrasant au passage Rory McIlroy avec qui il avait partagé la dernière partie. Tous les observateurs s'attendaient à le voir flamboyant à Paris. Avec le public derrière lui, on ne donnait pas cher des chances européennes. Mais très vite et à l'image de ses résultats en Ryder Cup, on sentit que le Tigre ne rugissait guère, son niveau de jeu en berne. Et pour couronner le tout, il ne faisait pas corps avec ses onze coéquipiers.

Ses trois défaites en double avec ses partenaires Patrick Reed puis Webb Simpson, face à la paire Francesco Molinari et Tommy Fleetwood, eux à l'unisson, montraient une nouvelle fois son incapacité à tirer son équipe de stars vers le haut.

D'ailleurs, le samedi matin, lors de sa partie avec Patrick Reed qu'il ne portait pas particulièrement dans son cœur, dans l'oreillette reliant les membres du staff européen, Lee Westwood, vice-capitaine, se fendit d'une petite vanne délicieusement *so british* : « Écoutez, les gars, je suis sur le 3 et c'est officiel, j'ai réussi à trouver deux personnes qui communiquaient encore moins que moi et mon ex-femme (en instance de divorce)... » Explosion de rires avec Raphaël Jacquelin.

En revanche, il y a bien un couple qui fonctionna à merveille, en pleine lune de miel, le duo Fleetwood-Molinari. Et ironie de l'histoire, les deux hommes ne devaient pas jouer ensemble.

Le jeudi, quelques minutes avant d'officialiser les équipes auprès des arbitres, Thomas Bjørn envoya un message sur le groupe WhatsApp des vice-capitaines : « Et si on mettait Molinari et Fleetwood ensemble ? » À la base, ils devaient jouer l'un avec Paul Casey et l'autre avec Tyrrel Hatton. Et les vice-capitaines de confirmer cette géniale initiative de dernière minute du géant danois : « Bah oui, en plus ils s'entendent tellement bien ! » Si bien qu'après la compétition, une vidéo humoristique les montrant au lit tous les deux fit le tour des réseaux sociaux. Ce double inattendu transcenda un public acquis à leur cause et auteur du tube du week-end : « Tommy, Tommy, Tommy… Moli, Moli, Moli… »

Cela impliquait juste de recaser les deux Britanniques Casey et Hatton, qui finalement joueront ensemble avec à la clé une victoire et une défaite en double.

Au-delà de leur 100 % (4 victoires en double en 4 matchs), l'alchimie Molinari-Fleetwood insuffla un élan formidable à l'équipe européenne.

De l'intérieur, je voyais aussi comment Thomas Bjørn parvint à gérer ses émotions. D'un Danois très tendu le jeudi, et le vendredi matin après les 4 balles (dans chaque double, les 2 golfeurs jouent leur balle sur chaque trou, et on ne garde que le meilleur score), le 4-0 du vendredi après-midi lui avait redonné le sourire, mais avait galvanisé toute l'équipe. Un 5-3 totalement inespéré à l'issue de la première journée, suivi d'une nouvelle démonstration le samedi : 10-6 avant les simples du dimanche (12 matchs en face à face).

Pendant ces trois jours, l'ambiance monta *crescendo*, et pourtant, on partait de très haut le vendredi matin. Dans le vestiaire et au *players lounge*, les joueurs entendaient déjà à l'aube, dès 7 heures, dans un froid glacial, un public en liesse. Ils allaient en douce regarder de leurs propres yeux le spectacle populaire. Et en mangeant leurs céréales et leur bacon, le sujet était dans toutes les bouches. D'ailleurs, si un jour, vous voulez suivre une Ryder Cup, ne loupez surtout pas le premier coup du vendredi matin.

Et petite anecdote au passage, qui n'a jamais été racontée : la musique qui accompagnait les joueurs descendant l'escalier vers le départ du 1 a vite été arrêtée, sur ordre de Thomas Bjørn, soucieux de ne pas déformer le prestige de la compétition.

Question autorité, il ne fallait pas discuter les ordres du Danois, qui savait par son leadership de quelle manière parler à ses joueurs. Le samedi soir, alors que je discutais dans le vestiaire avec Graeme McDowell, vice-capitaine mais surtout mon voleur de rêve de Pebble Beach, Bjørn décida d'attaquer son speech de fin de journée pour préparer la suivante. Joueurs et vice-capitaines étaient installés sous la forme d'un tableau désordonné de Dalí, assis, debout, figés à l'écoute des consignes du « CAPTAIN ». Au-delà des consignes de jeu données à ses protégés – rester dans leur routine, ne pas s'inventer de nouvelles stratégies, s'appuyer sur leurs points forts –, le Danois insista plus particulièrement sur l'état d'esprit. Toute la semaine, il avait mis l'accent sur le chiffre 1 : une famille, une victoire, un trophée, et les photos des joueurs affichées du vestiaire au restaurant montraient toutes des attitudes positives des 12 Européens, que ce soient des victoires, mais aussi des photos de famille (Jon Rahm gagnant l'Open d'Espagne avec ses parents, Ian Poulter en selfie avec son fils au Masters...), ou encore des clichés chaleureux de joueurs ensemble souriants et transpirant de bonheur... Aussi symboliques et émouvants qu'ils soient, ces clichés ne firent malgré tout pas le poids face au sac de Severiano Ballesteros exposé en vitrine. Il fut l'inoubliable capitaine victorieux de la Ryder Cup 1997 à Valderrama en Andalousie (pour la première édition de la compétition disputée en dehors des îles Britanniques, quand l'Europe recevait les Américains sur son territoire). La légende espagnole avait éclaboussé de tout son talent la mythique confrontation américano-européenne, à la différence d'un Tiger Woods assez absent.

Thomas Bjørn de poursuivre : « Quand vous sortirez du vestiaire, vous regarderez ce sac, et vous allez vous en inspirer. Rien n'est fait. On a une avance confortable, mais demain, je veux que vous partiez tous du principe que l'on est à égalité, et notre but, c'est de gagner cette journée ! »

Un discours à la Al Pacino dans *L'enfer du dimanche*, et derrière les joueurs de se motiver, se prendre dans les bras et se taper dans les mains.

Le dimanche matin, je suis arrivé aux aurores en navette depuis le Trianon. J'ai rapidement débarqué au départ du 1 où c'était déjà l'effervescence liée à la présence de nombreux people. Et par n'importe lesquels ! À mon sens la plus grande star du sport mondial venait de faire son apparition, un basketteur américain, fan et très bon joueur de golf répondant aux initiales MJ. Sous sa casquette du PSG « Ici c'est Paris », lié à son partenariat équipementier avec le Paris Saint-Germain, Michael Jordan supportait la même équipe de football que moi. Mais nous ne supportions pas la même équipe de golf ce jour-là.

Je n'ai pas raté l'occasion de faire un selfie avec « Sa Majesté » du basket, l'ancien joueur des Chicago Bulls présent au départ pour soutenir son ami Tiger Woods et l'équipe américaine. Et je me suis bien gardé de la bousculer !

Ce qui me surprit le plus dans la défaite américaine, confirmée le dimanche dans les simples (7 et demi contre 4 et demi pour l'Europe, le demi représentant un match nul), c'est l'incapacité des joueurs US à s'adapter au parcours de Saint-Quentin. Justin Thomas, le seul à être venu tester le parcours de l'Albatros lors de l'Open de France deux mois avant, fut, comme par hasard, le meilleur Américain… et de loin, rapportant 4 points aux États-Unis (sur 10 et demi).

Le magnifique parcours de l'Albatros, assez technique, vous oblige à maîtriser tous les coups du golf, ce qui n'est pas forcément le cas ailleurs… Le parcours du National, les Européens le connaissent par cœur pour le jouer depuis une quinzaine d'années, un parcours qu'ils adorent… Et quand j'en parlais avec eux, sans hésitation, la plupart louaient les qualités de l'Albatros. Pour certains, c'était carrément leur parcours préféré… À la différence des joueurs du capitaine américain Jim Furyk. Les stars américaines le connaissaient. Un peu trop sûrs de leur jeu, ils ne se sont pas abaissés à venir faire des reconnaissances. Résultat implacable : ils furent incapables de l'apprivoiser durant toute cette Ryder Cup.

Phil Mickelson accorda une interview quelques jours plus tard, expliquant à quel point il n'avait pas apprécié le tracé de Saint-Quentin. Selon lui, l'Albatros, trop punitif, ne laissait pas de possibilité de s'en sortir après un mauvais coup.

En revanche, je me souviens d'une discussion avec l'Américain Rickie Fowler, juste après les simples du dimanche. Beau joueur, il m'avoua sans détour adorer le parcours et avoir passé un bon moment dans les Yvelines, malgré la défaite. Celui qu'on surnomme volontiers « le Justin Bieber du golf » pour son look et son attitude un peu rock'n roll, fut pratiquement comme tous les autres joueurs, suivi au plus près par sa compagne sur le parcours. On le voyait régulièrement chercher du regard Allison Stokke, ex-perchiste devenue mannequin.

Dans notre discussion, Rickie Fowler insista sur l'ambiance de folie qu'il avait adorée, notamment sur les trous 1 et 2, mais aussi sur l'« Amen Corner » du National

(15-16-17 et 18)… L'« Amen Corner », du nom de cet enchaînement des trous 11-12-13 du Masters d'Augusta, où tout peut arriver. À tel point que certains font leur prière avant de s'attaquer à ce monument, en espérant être exaucés par les dieux du golf à la sortie.

Pour les avoir joués un nombre incalculable de fois, ces quatre derniers trous du National sont très variés :

– Le 15, par 4 de 367 mètres, est un petit trou stratégique où il faut impérativement bien placer sa mise en jeu pour être à l'aise dans cette attaque de green vicieux placé sur un îlot.

– Le 16, par 3 challenging de 158 mètres, avec buttes inconfortables et profond bunker à gauche, de l'eau à droite et l'un des greens les plus durs du parcours. On parle de challenging pour un trou où toute erreur est irrattrapable ou presque.

– Le 17, par 4 très long de 439 mètres, très « British Links », contrastant avec les obstacles d'eau des deux trous précédents.

– Le 18, trou de 455 mètres très dur que les professionnels jouent en par 4 alors qu'il est en par 5 pour les amateurs (très classique sur le Tour européen)… Le départ en hauteur dispose d'un magnifique panorama et l'attaque de green en îlot est impressionnante.

Lors de la Ryder Cup, plus de 10 000 personnes s'amassaient chaque jour dans une courbe en forme de stade, autour des trous 15, 16 et 18, y mettant une ambiance incroyable…

Dans cette petite cuvette, tout était réuni : un par 3 spectaculaire, des spectateurs si proches du green, et un écran géant pour suivre et hurler en fonction des autres parties. Une ambiance bruyantissime rarement rencontrée à travers le monde par tous ces joueurs chevronnés. Cette ferveur fit sans doute basculer le match en faveur de l'Europe, alors que les Américains étaient à un moment revenus à 10,5-9,5.

Le dimanche, deux face-à-face resteront dans l'histoire de cette 42e édition : l'Espagnol Jon Rahm contre Tiger Woods et l'Anglais Ian Poulter contre Dustin Johnson.

Sur le green du 16, Jon Rahm putta en premier dans un gauche-droite qui mourut à un petit mètre du drapeau. Au tour de l'Américain, des « *Huge Tiger, let's go* » retentissent et des « chut » également, car les spectateurs vibrent en même temps en regardant les autres matchs sur le grand écran dans leur dos. Comment les joueurs font-ils pour se concentrer dans ce vacarme assourdissant ? Mystère… Tiger Woods avait un putt de cinq mètres qu'il manqua. Le par pour Tiger. Jon Rahm regarda alors l'Américain et lui demanda si son putt à quelques centimètres lui était donné. La séquence de ce dimanche : Woods regarda à peine l'Espagnol et refusa. Sans doute déstabilisé, Rahm rata l'inratable devant un Woods bien content de son coup. One up au départ du 17 (une avance d'un trou gagné), l'Espagnol qui évoluait sur le PGA Tour américain, aurait pu craquer, mais il va réussir à surmonter cette mauvaise passe, et faire craquer l'Américain au 17 pour s'offrir une victoire de prestige sur son idole d'enfance. Et le Tigre quitta le parcours bien décontenancé, lui qui avait perdu toutes ses rencontres à Saint-Quentin. Quatre matchs pour autant de défaites.

Pendant ce temps, les autres parties battaient leur plein d'un bout à l'autre du parcours. Les Européens cravachaient dur pour maintenir leur avance, les Américains dans le rétroviseur.

Les supporters étaient survoltés au moment d'accueillir le match de Ian Poulter et Dustin Johnson au départ du 16. Le Britannique était one up au moment d'aborder le par 3. Certains fans anglais, sans doute un brin alcoolisés, entonnèrent une chanson toute britannique. « *Seve is a legend, Poulter is our boy. We got Rory McIlroy Go Go Go… And we will win the Ryder Cup!* »

Sur le green, Dustin Johnson se retrouva avec un putt assez long et délicat mais le rentra (pour le par ?). À l'image de ce putt enquillé au 11, une ficelle de plus de dix mètres. Plus près du trou, Ian Poulter rata son putt et les deux joueurs se retrouvaient à égalité à deux trous de la fin. Suspense à couper au couteau.

L'Anglais arracha un « wouahhh » admiratif à la foule en attaquant le drapeau au-dessus de l'eau au 18. Et il poursuivit son festival en rentrant le putt du birdie. Il tomba dans les bras de son caddy, conscient d'offrir un nouveau point capital aux Européens. Plus qu'un petit point, et la victoire européenne serait au bout.

Retour au 16. Le public scandait de ravageurs « Sergioooo, Sergioooo » quand l'Espagnol s'offrit une position de birdie face à Rickie Fowler. Mais le vainqueur du Masters 2017 partagea le trou avec l'Américain.

Place enfin à l'Italien Francesco Molinari, qui avait jusqu'alors remporté tous ses matchs. En position d'offrir la victoire finale au Vieux Continent, il se frottait tout de même à l'immense Phil Mickelson. Des « Moli, moli, moli, Molinari » surgissaient en permanence du public. L'Italien assura son premier coup en expédiant sa balle sur le green. Au tour de Mickelson. S'il la mettait dans l'eau, l'Europe avait gagné. Et Lefty l'envoya bien à droite. Dans l'eau ! Le stadium explosa, épilogue de rêve pour un final hitchcockien.

Les Américains ont-ils été surpris par le niveau de jeu des Européens ? Pour des « bombardiers » habitués à expédier des drives à plus de 300 mètres, le véritable défi consistait à s'appuyer sur d'autres aptitudes, ce qu'ils ont été incapables de faire dans leur majorité.

À l'arrivée, ce fut une défaite 17 et demi à 10 et demi, et la validation du management de Thomas Bjørn. À chaque brief, il martelait de ne pas s'occuper du jeu des stars américaines. Lors de ce dernier jour de compétition, il avait bien prédit que les joueurs de Jim Furyk sonneraient probablement la charge et qu'il ne faudrait pas changer de plan de jeu pour autant.

Comme un symbole, les face-à-face se terminèrent sur un putt de 15 mètres du sympathique Suédois Alex Noren, vainqueur de Bryson DeChambeau... Une explosion de joie totale pour en finir suivie rapidement de la remise de la coupe sur le green du 18. En ouverture, le capitaine américain fit un magnifique discours, félicitant l'initiateur, cerveau et grand organisateur de cette Ryder Cup en France, Pascal Grizot. Grâce à l'énergie et au dévouement du président de la Fédération française de golf, notre pays aura pu accueillir au moins une fois dans son histoire cet événement hors du commun... Et les Français peuvent remercier leur président, sans oublier la Fédération et le staff du Golf National, auteur d'un travail exceptionnel.

Et en clôture, cette fois, la lumière se porta sur le capitaine danois, qui non sans émotion, à travers ses mots, montra toute sa fierté. J'en parlerai avec lui quelques minutes plus tard, et il me confirmera mettre cette victoire d'équipe tout en haut de sa carrière golfique.

Les Américains, eux, faisaient grise mine, limite boudeurs. Le décalage était flagrant entre la liesse populaire et ces douze Américains un peu perdus au milieu du green, juste réconfortés par leurs femmes et leurs caddys.

S'ensuivit une fête mémorable dans le vestiaire européen. Ian Poulter exultait dans un improbable costume boîte aux lettres anglaise. Cinq ou six de ses fans étaient venus le soutenir, engoncés dans des boîtes aux lettres rouges en carton. Il leur avait emprunté un de leurs inénarrables costumes. Tout le monde le surnommait « The Postman » en référence à sa régularité et son stakhanovisme en Ryder Cup. Paul Casey passait de table en table enlacer tout le monde. Les inséparables Justin Rose et Henrik Stenson refaisaient inlassablement le match. Thorbjørn Olesen, avec son copain du Tour européen Joel Sjöholm, évoquait certainement la soirée à venir. Les héros Francesco Molinari et Tommy Fleetwood, coqueluches de tout le staff, n'en finissaient pas de prendre des photos, et même Padraig Harrington et Robert Karlsson, les réserves et placides vice-capitaines se laissaient eux aussi aller… Et Pascal Grizot, un immense sourire greffé au visage, parcourut la salle de joueur en joueur, décompressant et savourant la réussite totale du tournoi.

Quelques heures après avoir obtenu la victoire, nous nous sommes tous retrouvés pour une grande soirée organisée à l'hôtel Trianon de Versailles… Une fête en deux temps : une première partie où certains Européens se lâchèrent complètement, à l'image de Justin Rose lançant avec ses lunettes de soleil en mode « gangsta » un rap endiablé sur un morceau de DJ. Et la coupe de la Ryder passait de bouche en bouche, abreuvées de champagne… Paradoxalement, malgré la défaite, parmi la délégation US qui logeait également au Trianon, trois ou quatre joueurs insomniaques vinrent se mêler à la fête, notamment Justin Thomas, beau joueur.

Et soudain, énorme surprise, qui vit-on descendre ? La femme de Dustin Johnson aux côtés de Brooks Koepka ! Une demi-heure plus tard, ce fut au tour de Dustin Johnson de faire son apparition. Mais pas forcément animé de bonnes intentions. Nous avons tout de suite senti qu'il n'était pas là pour s'amuser. Il s'est dirigé direct vers son épouse Paulina, fille de Wayne Gretzky, légende du hockey sur glace. Sur les nerfs, il lui a lancé : « Allez, arrête tes conneries ! Maintenant, on remonte… » Mais elle n'a pas voulu obtempérer. Elle a tenté de l'esquiver. Grosse tension dans la salle quand Dustin Johnson s'est dirigé en mode viril vers Brooks Koepka. Les deux hommes sont entrés en contact assez violemment. Raphaël Jacquelin, aux premières loges, me lança : « C'est chaud, c'est chaud. » Les coups ont failli pleuvoir, mais des bonnes âmes ont séparé les deux stars américaines à temps dans un triste épilogue pour cette délégation américaine.

Décidément, la Ryder Cup 2018 fut un bien vilain cauchemar pour Brooks Koepka, responsable sur le parcours d'un terrible accident. Le vendredi, dans un drive dévissé au trou numéro 6, l'ex-numéro un mondial expédia une balle dans le visage d'une spectatrice. La pauvre femme finit par perdre l'usage de son œil droit.

La semaine suivante, au Dunhill Links en Écosse, j'ai croisé Brooks Koepka et nous avons discuté quelques instants. J'ai abordé le sujet avec lui. Il m'expliqua son immense embarras alors qu'il venait d'apprendre le désir de cette dame de porter l'action en justice. Et neuf mois plus tard, l'infortunée spectatrice expliquera toujours attendre un signe de l'ex-numéro 1 mondial.

Pour finir sur une note positive, cette aventure de la Ryder Cup fut pour moi une inattendue parenthèse enchantée. Je fus le spectateur privilégié, en *inside*, d'une confrontation qui restera dans les annales du golf mondial. J'ai eu la chance d'y côtoyer les McIlroy, Stenson, Rose, García, autant de joueurs avec qui j'ai ferraillé sur de nombreux tournois. Et les voir briller de la sorte sur le parcours de Saint-Quentin a sans doute fait ressortir le regret de n'avoir jamais participé à la Ryder Cup, ce Graal du golf en équipe.

Mes conseils de golf pour la vie (5)

7 SECONDES TOP CHRONO !

Lorsque je m'entraîne, je tombe parfois dans un piège : la recherche trop poussée de la perfection. Je fais attention au moindre détail : le pouce au bon endroit, le coude qui se plie comme il faut... Et à force de penser à toutes ces choses, le naturel me quitte et j'en oublie le principal : l'instinct et la spontanéité.

Afin d'y remédier, avec mon coach Benoît Ducoulombier, nous avons mis en place l'exercice idéal : le jeu des sept secondes.

Avant de déclencher le chrono, je me positionne derrière ma balle, décide du coup, du club et de la trajectoire... Et à partir du moment où je vais vers ma balle, j'ai sept secondes pour la taper. Un laps de temps qui paraît court sur le papier, mais finalement largement suffisant... Je me livre aussi à cet exercice sur le parcours pour évacuer toute pensée parasite.

Au golf, trop d'infos tuent l'info. Dans de gros moments de tension, pendant les cartes de qualification pour la saison du Tour européen 2020 par exemple, avant certains coups, j'ai fait appel à ces sept secondes salvatrices... Compter vous sort de vos pensées négatives... Dans ce sport si cérébral, je vous conseille de plus croire en votre instinct, et le moins possible à la réflexion !

6
INDOMPTABLE MASTERS

L'histoire avec un grand H s'est écrite sur ce parcours extraordinaire : chaque centimètre carré y est bichonné, les drapeaux toujours quasiment au même endroit du jeudi au dimanche, les conditions de jeu impeccables, sans compter un bon marketing à l'américaine, la légende poussée à son paroxysme. À mon sens, s'il y a bien un tournoi à jouer… et à gagner, c'est bien le Masters d'Augusta, même s'il y a match avec le British Open.

À Augusta, impossible de jouer sur ce parcours sans invitation. Le Président des États-Unis en personne doit montrer patte blanche pour arpenter la magnifique allée de « Magnolia Lane » qui mène joueurs, coachs et officiels jusqu'au club-house. Les spectateurs, eux, passent par une autre entrée collée au practice. « Magnolia Lane », dans l'ombre, rend l'entrée du Masters encore plus belle avec le club-house en pleine lumière, éclairé par le soleil.

Grâce à ma deuxième place à l'US Open 2010, j'avais gagné mon ticket d'entrée pour jouer en 2011 le mythique parcours. À la différence d'Augusta, les trois autres Majeurs ne se jouent pas toujours au même endroit, respectant une rotation, comme le British Open et l'USPGA. Le British Open et l'US Open tournent souvent sur les mêmes parcours, alors qu'il n'y a pas vraiment de règle concernant l'USPGA, où le circuit peut découvrir de nouveaux sites.

Sur mes premiers Majeurs, j'avais connu des fortunes diverses. Que retenir en plus de mon fabuleux Pebble Beach ? Lors du British 2007, j'avais loupé le cut... La semaine précédente, j'avais gagné l'Open d'Écosse à loch Lomond et cela m'avait qualifié pour le British Open, que j'ai joué à Carnoustie (Écosse) sur l'un de mes links préférés. L'année suivante, lors du British Open 2008, j'ai décroché une belle 19e place à Birkdale, non loin de Liverpool, au mois de juillet dans des conditions météorologiques apocalyptiques. Pluie, vent, froid, tout y était. Lors de mes deux premiers tours, je partageais mes parties avec le Sud-Africain Tim Clark (2e du Masters 2006), et l'Américain Stewart Cink. J'éprouvais une réelle satisfaction d'avoir franchi le cut, d'avoir dompté un parcours aussi difficile. Alors que j'arrivais dans le vestiaire pour me mettre au sec, j'ai croisé Stewart Cink, qui lui ne s'était pas qualifié pour la suite de la compétition. Sur le parcours, pressés d'en finir, nous n'avions guère discuté ensemble. Je lui ai demandé assez spontanément :

« Est-ce que tu aimes bien venir jouer en Europe ?

— Oui c'est un grand plaisir de venir au British !

— Même dans ces horribles conditions ?

— Oui j'adore venir ici, jouer ces parcours que je trouve extraordinaires et que l'on a trop peu aux États-Unis. Et je reviendrai autant que possible, car même dans ce temps, je prends beaucoup de plaisir. En revanche, Greg, je ne comprends rien. Je ne sais pas comment faire : les rebonds, les chips roulés, les bosses, la force du vent, les pièges à éviter… Année après année, je n'y arrive pas, mais je continuerai de revenir, car j'aime trop ça. »

Ce fut un apprentissage express. Un an plus tard, le modeste Américain, qui soi-disant n'y comprenait rien, fut le bourreau de son compatriote Tom Watson, en remportant le British 2009 à Turnberry, en Écosse… Un links légendaire qui sera par la suite racheté par Donald Trump… et désormais banni de la rotation du British Open.

En 2010, à St Andrews (Écosse), j'ai raté un putt d'un mètre au trou numéro 18, mais un loupé qui me permit d'avancer mon avion pour passer mon week-end avec Aude, ma nouvelle copine et future femme.

Outre-Atlantique, sur l'USPGA 2007 (parcours de Southern Hills à côté de Tulsa dans l'Oklahoma), j'ai raté le cut, alors que Tiger Woods s'imposa. J'avais d'ailleurs joué les deux premiers tours avec l'Américain Anthony Kim, une fusée du golf mondial, sur la trajectoire de « Tiger », toutes proportions gardées... Un joueur extrêmement talentueux, fantasque... Il arborait une boucle de ceinture à ses initiales, AK... Il avait un jeu très agressif et disposait d'un swing magnifique. Puis il a disparu des radars du jour au lendemain, après des succès sur le PGA Tour, et une participation à la Ryder Cup... Une sombre histoire d'accident et d'assurance...

Pour ma seule et unique participation au Masters en 2011, j'avais décidé de ne pas me rendre seul à Augusta. Je suis parti avec Aude, mon coach Benoît Ducoulombier, et trois de mes meilleurs amis, Jean-Damien Yvet, François Airaudeau, un pote de Bussy et Lionel Alexandre, un excellent joueur. J'avais d'ailleurs lutté pour convaincre ma future femme de venir, elle qui ne comprenait pas vraiment à l'époque ce que représentait le culte d'Augusta. Mais celui qui va vraiment me mettre dans une drôle de galère, c'est Jean-Damien pour une stupide histoire de téléphone.

Le portable était proscrit au Masters à partir du jeudi. Les spectateurs déposaient de bonne grâce leurs appareils à l'entrée, histoire de ne pas déconcentrer les champions. En revanche, les joueurs et leurs accompagnateurs n'étaient pas soumis à cette règle.

Jean-Damien avait donc conservé son portable avec lui… et pendant ma partie, le bougre n'a rien trouvé de mieux que chambrer téléphone en main l'un de ses copains parisiens bloqué sur le périph ! Et ce qui devait arriver… Il s'est fait prendre par l'un des shérifs qui l'emmena illico au poste. Quelle excuse finit-il par trouver pour ne pas se faire exclure du parcours ? « C'est le téléphone de Gregory Havret. » Évidemment !

Ma partie terminée, le shérif nous posa THE question : « Mais à qui appartient ce téléphone ? » J'ai tergiversé quelques secondes avant de lâcher timidement : « À moi… » Mon air penaud n'a pas entamé la motivation du shérif à faire respecter le règlement : « Joueur ou pas joueur, si je vous y reprends, je vous exclus tous les deux. Terminé ! »

Le Masters est rempli de traditions à respecter, et l'une d'entre elles, fabuleuse à vivre, consiste à disputer un petit parcours de neuf trous, tous en par 3, adossé au grand parcours. J'ai souhaité me livrer à l'exercice et me suis inscrit assez tôt. J'ai ainsi partagé ma partie avec Steve Stricker, futur capitaine américain de la Ryder Cup, et Jerry Kelly, joueur américain très agréable et fan de vin. Pour respecter le folklore, il est de bon ton de se faire caddéyer par un membre de sa famille. J'aurais rêvé pouvoir l'offrir à mon père, mais malade, il déclina mon invitation américaine, remplacé par Aude, habillée en caddy, avec la tenue et la casquette verte de rigueur aux couleurs d'Augusta. Et dans la tradition, lorsqu'un joueur est décroché au score de cette gentille compétition, il fait jouer certains de ses coups par le fiston, la femme, la tata ou le meilleur pote, dans une ambiance de kermesse.

En arrivant au départ du trou numéro 1, je ne m'attendais pas à pareil enchantement. C'était une succession de petits trous, dont le plus long faisait 115 mètres, superbement dessinés. Les grands arbres, les fleurs, le jeu d'ombres, ce fut un rendez-vous magique dans un endroit hors du temps. Il fallait cependant faire abstraction du bruit des nombreux spectateurs, des enfants mais c'était surtout une grande communion de fans de golf. Les drapeaux étaient placés pour faciliter les trous en un… et les hurlements. Une telle effervescence, on n'en perçoit nulle part ailleurs et certainement pas en Majeur. Ma super nouvelle caddy avait décidément bien fait de venir.

Un peu plus tard le mercredi, je suis parti faire la reconnaissance des neuf derniers trous d'Augusta, avec un public déjà très nombreux. Au trou numéro 16, autre tradition, il s'agit de jouer ce par 3 de 150 mètres avec un défi de taille à relever : faire ricocher la balle sur l'eau et réussir à toucher le green. Une mission à laquelle tu es obligé de te confronter, car les spectateurs ne te laissent pas le choix. Ma première balle s'échoua dans l'eau, mais la seconde finit sur le green pour ma première ovation de la semaine, agréablement surpris du soutien local. Fins connaisseurs, les spectateurs ne semblaient pas avoir oublié ma deuxième place de Pebble Beach un an plus tôt. On m'en a d'ailleurs parlé à de nombreuses reprises lors de cette semaine à Augusta.

Sur le parcours, les ambiances furent totalement différentes d'un jour à l'autre. À partir du jeudi, un public d'habitués remplaça les spectateurs du mercredi, bons enfants, plutôt venus pour s'amuser. Les petites chaises pliables faisaient leur apparition au bord des greens, dans des ordres bien définis, et sans panneau publicitaire afin de respecter le prestige intemporel du site. Contrairement à la plupart des tournois dans l'année, ces spectateurs pertinents savaient applaudir au bon moment ! Un soutien très gratifiant pour les joueurs. Casquette verte vissée sur la tête, ils appréciaient à sa juste valeur tel ou tel coup, telle ou telle zone touchée.

Avant d'aller encourager leurs joueurs préférés, dans leur quasi-totalité, les spectateurs passaient par l'immense et très rentable boutique officielle ! Son chiffre d'affaires était d'ailleurs tenu secret, mais les bruits évoquaient des chiffres colossaux.

Pendant le tournoi, nous logions dans une maison à dix minutes du parcours. Je disposais de huit invitations permanentes pour toute la durée de la compétition. De véritables sésames pour Aude, mon entraîneur et mes trois potes. J'en avais donné une à un journaliste qui m'avait un peu embobiné, me faisant croire qu'elle était pour son fils. Mais en réalité pas du tout… Le dernier pass, mes amis l'ont vendu aux abords de l'enceinte du parcours. Il s'est envolé à 4 000 dollars, exactement le prix de la semaine de location de notre maison.

À mon arrivée en Géorgie une semaine complète avant le début de la compétition, mes premières journées d'entraînement ne furent pas à la hauteur de mes espérances, malgré l'immense plaisir d'évoluer sur l'un des trois plus beaux parcours du monde avec Pebble Beach et St Andrews. J'ai dû réaliser quatre parcours complets avant le début des épreuves. Frustré, je ne rentrais pas très bien dans la balle. Par bonheur, le « Druide », mon coach Benoît Ducoulombier, trouvait invariablement la parade pour remettre mon swing à l'endroit. Je visais l'excellence à chacun de mes coups, l'erreur à ne surtout pas commettre ! Lui cherchait à faire baisser mon niveau d'exigence pour trouver le relâchement propice à la performance. Mission accomplie ! Je suis arrivé au départ du trou numéro 1 le jeudi, le moral gonflé à bloc.

Ma première journée s'est déroulée merveilleusement bien. Aucun accroc, une partie tactiquement bien maîtrisée sous les regards de mes amis et d'Aude qui m'ont suivi tout au long du parcours. J'ai terminé en - 2 à une très prometteuse 14e place, comme s'il ne pouvait rien m'arriver de fâcheux.

Sur le fameux Amen Corner, le célèbre enchaînement des trous 11, 12 et 13, mon bras n'a pas tremblé... Un enchaînement sans droit à l'erreur mêlant histoire, difficultés et harmonie.

Le trou numéro 11, par 4 très difficile et long de 440 mètres, fut hyper exigeant, bordé de très grands arbres sur la droite, avec un rough bien fourni sur la gauche, et un green protégé par un obstacle d'eau.

Le trou numéro 12, par 3 relativement court de 142 mètres, mais avec la redoutable rivière devant le green, fut agrémenté d'un vent tourbillonnant rendant l'étroite attaque du drapeau particulièrement délicate.

Le trou numéro 13, par 5 majestueux de 466 mètres, dogleg gauche à jouer en draw avait pour principale difficulté de devoir négocier le deuxième coup avec la balle au-dessus des pieds, quasiment à hauteur des yeux, pour attaquer un green très pentu.

Ma fin de parcours fut quasi parfaite avec quatre birdies sur les six derniers trous. Au trou 18, pour terminer ma journée sur une bonne note, j'ai réalisé une très belle sortie de bunker enchaînée à un bon putt gagnant. Je sentais qu'il ne pouvait rien m'arriver.

Le vendredi changement de décor. Mon parcours aller ressembla à des montagnes russes (trois birdies, un bogey et un double-bogey), mais je restais dans le par après neuf trous et - 2 au total. Jusque-là, les voyants étaient tous au vert. Et puis à partir du trou numéro 10, la belle mécanique s'est grippée. Après un bon drive, je suis tombé dans un piège sinistrement banal : avec mon caddy, Gary Melia, nous avons eu une discussion poussée sur le choix du club. Au final, nous avons opté pour un fer 7 alors qu'il aurait fallu prendre un 8 pour jour le drapeau fond de green. J'ai tapé un coup presque trop bon, avec une balle qui a fait plus que la distance, avec un pitch fond de green et une fin de parcours dans les fameux magnolias d'Augusta. Tant bien que mal, je m'en suis sorti avec un double-bogey, mais j'ai surtout dégoupillé tout seul.

J'en ai voulu à mon caddy, à tort, car au bout du compte, la décision finale de jouer ce fer 7 m'est revenue. À ce niveau-là, dans un tournoi aussi prestigieux, ce genre d'erreur se paie cash, car même si j'adore les magnolias et ses feuilles vertes compactes, c'était l'endroit à éviter par-dessus tout.

Ensuite, un deuxième piège me tendait les bras : donner trop d'importance à des faits de jeu, aussi mauvais soient-ils, et effriter ainsi ma concentration. Accaparé par cette erreur, frustré et vexé à la fois, les trous se sont enchaînés dans un long chemin de croix. Trois putts au numéro 12 pour un bogey, encore trois putts au numéro 13 pour un par.

Au départ du trou numéro 15, je me suis fixé l'objectif de sortir quatre pars sur les quatre derniers trous pour passer le cut… Rien de trop ambitieux là-dedans. Et pourtant, je vais malheureusement faire quatre bogeys. Rien ni personne n'a réussi à retourner cette situation, à stopper cette spirale de déconstruction de mon jeu et de mon mental. Ni Aude ni mes amis, trop loin de moi sur le parcours et encore moins mon caddy Gary Melia que je « haïssais » sur le moment.

Je broyais du noir, les épaules basses, dans un langage corporel de loser. En rentrant mon dernier putt sur le green du 18 pour un ultime bogey, je fus submergé par la déception et la frustration. Un immense gâchis. L'impression de m'être sabordé dans ce qui aurait pu être une fabuleuse semaine. J'ai terminé la journée en + 7, soit un total de + 5 sur les deux journées. Hors sujet, à cinq points du cut qui s'est joué dans le par… Quand je pense que j'étais encore 18e au départ du trou numéro 10…

Je me suis écroulé mentalement, un craquage que les plus grands golfeurs ne connaissent pas, sans doute la différence entre eux et les joueurs ordinaires. Le regretté Severiano Ballesteros fut le roi incontesté du mental, ce que confirme mon ami Benoît Telleria, ex-joueur français du Tour européen et intime de l'Espagnol.

Le multiple vainqueur du Masters affichait une attitude de torero. Sur les parcours, il marchait fièrement, les épaules vers l'arrière, prêt à vous écraser, à des années-lumière de mes neuf derniers trous d'Augusta… Une légende qui parfois pouvait reporter la faute sur autrui pour éviter d'avoir à affronter ses propres faiblesses. J'ai assisté à un tel spectacle, aux premières loges, le 3 mai 2003 lors de l'Open d'Italie à Brescia. Ce jour-là, j'ai partagé ma partie pour la première et dernière fois avec le légendaire Espagnol. Ce fut un incident incandescent. Severiano ne jouait pas très bien ce jour-là, il peinait à prendre les greens en régulation. Trou après trou, il se trouvait immanquablement empêtré dans des situations délicates. Il mettait une intensité incroyable pour se sortir de ces mauvaises situations à 7 h 30 du matin, lui le multiple vainqueur de Majeurs, mythe absolu, à mes yeux encore plus charismatique que Tiger Woods. Comme si sa vie en dépendait.

À mes yeux, la partie était sympa, mais je me suis bien gardé d'aller l'importuner, car un joueur dans le dur n'a pas forcément envie de discuter. L'Espagnol dans une mauvaise passe retardait notre partie et un arbitre finit par intervenir dès le trou numéro 6. Et cet officiel n'était pas n'importe qui ! Il s'agissait de John Paramor, juste et intransigeant chef des arbitres du Tour européen.

L'arbitre resta avec nous jusqu'au trou numéro 18, et au 8, alors que Severiano réussit un recovery (coup consistant à se sortir d'une mauvaise situation) de fou, l'arbitre anglais lui sortit un « *bad time* » (dépassement du temps imparti pour taper sa balle). L'Espagnol prit sur lui, sans surréagir, tout occupé à sauver son par au 8. La partie continua son petit bonhomme de chemin jusqu'au départ du 16. Ballesteros s'apprêtait à déclencher sa mise en jeu lorsqu'il s'aperçut que sa balle était abîmée. Il se baissa et l'envoya à son caddy. Sa nouvelle balle sur le tee, l'Espagnol exécuta un superbe drive pour envoyer un « missile ». Et le psychodrame démarra non loin de moi, mais je n'entendis pas la brève discussion qui s'engagea entre John Paramor et Severiano Balesteros. Mais aucun besoin de savoir lire sur les lèvres pour s'apercevoir que l'Espagnol n'était pas content… L'arbitre se dirigea ensuite vers moi et me dit assez sèchement : « Grégory, je viens de mettre un deuxième *bad time* à Severiano. Je vous demande donc de rajouter un point sur ce trou numéro 16 à l'Espagnol, quel que soit son score. » Sur le moment, j'ai trouvé la sanction un peu injuste mais sans autre choix, j'obtempérai.

La partie terminée, au recording, vint l'heure de faire les comptes… Avec l'Espagnol, nous avons silencieusement échangé nos cartes. Et je vis tout de suite la mine de mon partenaire du jour se fermer à la vue de son score. Une trentaine de secondes plus tard, une éternité, Ballesteros me rendit la carte : « Excuse-moi, Greg, mais au 16, tu as fait une erreur. Je n'ai pas fait 6 mais 5 ! » Gros coup de chaud et léger flottement. J'ai alors tenté de lui expliquer le plus sympathiquement possible que j'obéissais à l'ordre du corps arbitral. Droit dans les yeux, il m'a asséné : « Écoute, j'ai tapé 5 coups au 16 et je signerai le par ! » Avec ma gomme digne du petit collégien de Lagny-sur-Marne, j'ai commencé à effacer le 6 fautif quand a surgi l'imposant John Paramor, en mode « Sheriff, fais-moi peur ». L'arbitre a alors pris le relais pour une discussion musclée entre les deux hommes. Finalement, Severiano, qui n'aura jamais lâché, fut disqualifié pour avoir signé une mauvaise carte.

Me rendant ensuite au restaurant des joueurs, je tombai sur mes potes Thomas Levet, Jean-François Rémesy et Raphaël Jacquelin. À peine assis, je n'ai pas résisté à l'envie de leur conter cette situation ubuesque. Alors que j'étais en train de leur dépeindre le tableau, un proche de Severiano vint me voir pour m'annoncer qu'une conférence de presse organisée par le clan Ballesteros était sur le point de démarrer. Il me demanda assez fermement d'y participer afin de défendre l'Espagnol. Jeune joueur sur le circuit, je n'en menais pas large, pris en étau entre une légende et un officiel du Tour européen. Mais je n'ai pas pu me défiler.

La conférence démarra dans la salle de presse. Et à ma grande surprise, Severiano me demanda de prendre la parole en premier pour mieux raconter l'injustice qu'il estimait avoir subie. Impossible de m'opposer à la légende du golf, mais je n'ai pas non plus envie de mettre les dirigeants du Tour européen à dos. Exercice d'équilibrisme.

Pour autant, j'ai essayé de me montrer le plus objectif possible. La voix chevrotante, j'ai avoué avoir trouvé assez injuste la deuxième pénalité infligée par le chef des arbitres. Sur le moment, l'Espagnol avait peut-être dépassé le temps imparti mais compte tenu de l'apport de Ballesteros au Tour, en termes de rayonnement, de notoriété, et de compétitivité par rapport au PGA Tour, je trouvais particulièrement mesquin de lui infliger cette sanction pour une balle abîmée qu'il avait remplacée naturellement. Cabré, le fier Espagnol le vivait comme un total manque de respect, et sur ce point, j'étais en phase avec lui.

Mais en fait, tout cela n'était qu'une mise en bouche avant le grand déballage. Severiano Ballesteros se mit à attaquer bille en tête l'ex-patron du Tour européen, Kenneth Scofield, le critiquant violemment, et dévoilant de quelle manière il le suspectait de détournement de fonds sur des contrats signés avec des sponsors et une chaîne diffusant les tournois du Tour. Un déballage durant un bon quart d'heure sous forme d'un monologue à la Cervantès devant toutes les télés présentes et les journalistes spécialisés. Le message au bout de son driver : l'un des plus grands joueurs de l'Histoire ne se sentait pas considéré à sa juste valeur, et tenait à le faire savoir. Auriez-vous un jour imaginé pareille situation avec Tiger Woods ? Inconcevable.

Quelques semaines plus tard, un comité de joueurs essentiellement britanniques se réunit pour réagir à l'incident. Il prit la décision de sanctionner l'Espagnol pour avoir porté atteinte à l'image du Tour et de ses membres.

Décision que la légende espagnole vivra très, très mal, avec l'impression d'avoir été lâché par ses pairs.

Après cette offense faite à Sa Majesté, le capitaine de Ryder Cup 1997 ne joua plus que six tournois et le dernier à l'Open de France 2006 au Golf National. Une fin d'histoire sur le Tour européen en queue de poisson.

Après le Masters d'Augusta, j'ai eu la chance de jouer encore trois Majeurs : les British Opens 2011 et 2012 (cut passé en 2011 et manqué en 2012)... Et en 2011, je retournai avec énormément de plaisir disputer l'US Open. Il n'avait cependant pas lieu sur le parcours de mes exploits passés mais sur le Congressional Country Club près de Washington. Malgré le changement radical de décor, le public américain se souvenait de moi. Cette année-là, j'ai réalisé un mauvais premier tour puisque j'ai terminé à un peu glorieuse 127e place en + 6. Mais je me suis accroché pour réaliser une *remontada*. Jugez-en plutôt. Je me suis offert une belle deuxième journée en terminant en - 2, ce qui m'a permis de franchir le cut à la 56e place. J'ai poursuivi mon rêve américain à Washington grâce à un délicieux chip putt au 18, aussi merveilleux que savoureux. Ma balle avait échoué dans des herbes très hautes, à trente mètres du drapeau. Le seul objectif était de la placer quelque part sur le green. Avec beaucoup d'intensité, je l'ai frappée, presque les yeux fermés, tellement je n'y croyais pas. Et ma balle est venue mourir à quelques misérables centimètres du trou, sous les ovations d'un public américain de nouveau conquis par le petit « Frenchy ». Et lors du week-end, j'ai poursuivi ma *remontada* en réalisant le par le samedi pour me hisser à la 41e place. Le dimanche fut encore meilleur en - 2 pour un classement final en 30e position. J'avais eu beau gagner une centaine de places, je terminai donc cet US Open 2011 dans un relatif anonymat. Bien loin du grand triomphateur, l'Irlandais Rory McIlroy.

Mes conseils de golf pour la vie (6)

ENTRAÎNEZ-VOUS COMME VOUS JOUEZ SUR LE PARCOURS

Avoir deux mêmes coups de golf à jouer sur un parcours reste rare, alors que l'on passe parfois dix minutes à taper le même club au practice.

Le faire de temps en temps peut être utile quand on a quelque chose à assimiler techniquement. Et quand on se met en mode compétition-performance, au practice, il faut sur chaque balle visualiser des coups différents afin de se rapprocher de ce qui vous attend sur le parcours.

Afin d'intégrer ce processus, l'idée est d'imaginer son parcours, sur la base de trous divers et variés, avec un drive à jouer, une attaque de green, et éventuellement une approche ou un fer à jouer sur un par 3. La plupart des champions ont d'ailleurs l'habitude de taper en toute dernière balle, soit la mise en jeu du 1, soit le départ le plus délicat de la partie. Et ils finissent sur une bonne balle pour une confiance gonflée à bloc.

Même si vous n'êtes pas dans cette visualisation, pensez à taper le plus de coups différents lors de vos entraînements ou échauffements.

7
VIS MA VIE (D'EXPERT) SUR LE TOUR (ACTE II)

Une discussion presque banale mais si marquante pour tant d'hommes et de femmes qui se séparent… En cette soirée de novembre 2008, je vécus l'un des plus durs moments de mon existence, la conclusion de douze années de vie commune avec ma femme Élodie. Rien d'extraordinaire dans cette époque où les couples se séparent si souvent, mais où chacun doit ensuite mener son chemin de croix pour se reconstruire.

Depuis déjà quelque temps, les choses allaient moins bien entre nous. Nous avions pourtant déménagé de Dubaï à Aix-en-Provence, du Golfe à la Provence pour un meilleur épanouissement de la famille. Mais le charme d'Aix la napoléonienne et son majestueux cours Mirabeau n'avait pas suffi. Deux personnes qui prennent leurs distances pour mille et une raisons, et aucune en même temps.

Ma femme s'éloignait toujours un peu plus. À chaque fois que je rentrais chez moi après des tournois, je me sentais déconnecté, et elle aussi probablement. Notre retour en France annonçait très probablement les prémices d'une fin déjà presque annoncée. J'avais trouvé à Dubaï un certain équilibre, des entraînements hivernaux d'une rare qualité, la découverte d'un monde en pleine expansion, le sentiment de vivre une nouvelle aventure… Je me sentais déconnecté et pour autant très à l'aise. Le fameux en même temps. Ces sentiments n'étaient pas partagés, mais avec le recul probablement parce que notre couple vacillait déjà.

En cette soirée de novembre 2008, je pris la décision de partir… La fin d'une belle histoire, bien plus qu'un homme quittant lâchement son épouse. Je me rendis à la station à côté de la maison, sautai dans le premier bus, direction une nouvelle vie. Un hôtel en centre-ville d'Aix, et un nouveau cycle qui se met en place… Les premiers jours du reste de ma vie personnelle, et de ma carrière de golfeur qui, elle, va continuer, doit continuer… Ma bouée de sauvetage, ma petite balle blanche, ma bouffée d'oxygène… Oui, j'assumais à ce moment-là de tirer un trait, d'en subir les conséquences et de les imposer à ma fille.

Je ne me suis pas éternisé en Provence. J'ai déménagé à Paris même si ce fut un déchirement de me séparer ainsi de ma fille. Assumer et vivre avec. Et puis Jeanne s'épanouissait à Aix avec sa mère qui s'en occupait magnifiquement bien. Aucun souci à me faire, car un peu égoïstement, je devais aussi poursuivre ma carrière tant bien que mal.

Jeanne ne m'en a pas voulu, même si elle aurait préféré autre chose, comme tout enfant de parents divorcés. D'autant que mon ex-femme a décidé assez rapidement de venir s'installer dans la capitale. Par bonheur, nous eûmes donc la chance de nous voir plus souvent avec Jeanne. Mais ce fut une parenthèse enchantée de six mois seulement, car mal à l'aise à Paris, Élodie décida de retourner vivre près des criquets et du soleil aixois.

Je n'avais pas mon mot à dire, et rien à lui reprocher. Je lui imposais tellement de choses, lui en avais tellement imposé sur l'autel de ma carrière… Être tout le temps en déplacement, trente semaines dans l'année en tournoi, sans compter les innombrables journées par-ci par-là pour des sponsors et autres pro-am. Je ne pouvais raisonnablement pas lui déclarer la « guerre » et l'obliger à rester dans la capitale. Et puis j'allais peut-être aspirer à autre chose moi aussi. Rien n'était encore défini. Dans un premier temps, il fallait coûte que coûte me stabiliser dans un milieu le plus familier possible. Ayant grandi en Île-de-France, mes repères s'y trouvaient. La suite, on verrait le temps venu.

Pour que ma fille s'épanouisse, sa mère devait l'être… Donc, si sa mère estimait que son bonheur et le reste de sa vie étaient à Aix, je devais abonder dans son sens.

J'ai loué un appartement à Boulogne-Billancourt, commune limitrophe de Paris. Je tentais tant bien que mal de me concentrer sur ma carrière et ma saison 2009. Les souffrances et les doutes d'un homme comme les autres. La vie d'un sportif professionnel est certes atypique, mais sans équilibre affectif, sentimental, familial, que vaut-elle vraiment ?

Pendant six ou sept mois, tout me semblait difficile, fade, sans goût. Je me suis donné dans le golf encore plus qu'à l'accoutumée pour éviter une plus grosse déprime. Je dormais mal, la souffrance classique d'un homme qui doute de lui, culpabilisant de laisser son enfant au milieu de cette déchirure. Et je jouais moins bien forcément.

Je doutais de la vie, me sentais seul, ma fille me manquait… Le tableau avait terriblement changé en l'espace d'un an.

En 2008, j'ai remporté mon troisième tournoi sur le Tour européen, en Écosse, le Johnny Walker Classic à Gleneagles, avec un point d'avance sur Graeme Storm, face à des joueurs de renom comme Paul Casey ou Justin Rose. Il s'agissait du dernier tournoi qualificatif pour la Ryder Cup 2008. Je m'étais un peu rapproché de la sélection cette année-là grâce à ma victoire devant mon pote anglais. Avec cette victoire, j'ai surtout décroché le meilleur classement de ma carrière (82e joueur mondial) alors qu'en coulisse, mon mariage vacillait déjà. Cet été-là, afin de remettre mon couple sur les rails, je m'étais accordé cinq semaines de break afin de rester en famille. Pendant cette période, j'ai quasiment mis le golf entre parenthèses. Je me suis contenté de deux heures de pratique hebdomadaire, juste un petit 9 trous. Et fin août, je suis parti en Écosse sans repères ou presque pour m'adjuger la victoire. La fabuleuse et mystérieuse magie du golf…

Début 2009, le panorama n'était plus vraiment le même. Je passe du vainqueur de tournoi, à la jolie petite maison aixoise, père de famille, au petit « appart » dans l'ouest parisien, et en perte de confiance golfique… Tout cela rejaillit sur mon jeu.

Je pensais pourtant pouvoir gérer, que le personnel n'interfère pas dans le professionnel. Mentalement, je n'y étais pas. Quand je loupais un coup sur un parcours, cela prenait des proportions dix fois plus importantes que d'habitude, quand tout allait bien. Et j'enchaînais les mauvais coups et les prises de décision douteuses. Je ne me sentais bon à rien sur et en dehors des parcours… Le soir, moralement, j'étais au fond. Paradoxalement, le golf me tenait la tête hors de l'eau : se lever le matin, s'entraîner, se challenger avait quelque chose d'hyper sain, la dynamique des tournois, la compétition…

Dans cette période, mon coach mental, Jos Vanstiphout, ce Belge pas comme les autres, m'a grandement aidé. Jos Vanstiphout a gagné plus de cinquante tournois sur le Tour européen avec ses joueurs : les plus grands, Ernie Els, Retief Goosen, Thomas Bjørn notamment, et donc moi. Je l'avais rencontré un peu par hasard. Il était juste sympa. Ce Flamand « grande gueule » parlait français. Mais lorsque son côté sanguin reprenait le dessus, il m'engueulait en anglais… Je me souviens d'un jour de déprime. Il me regarda :

« Tu as envie d'être là ou non ? » Je ne pouvais répondre que par la négative. Je ne tapais pas terrible, à deux doigts de me prendre la tête avec lui… « Bon, OK », m'a-t-il lancé au visage… Il a envoyé trois SMS à ses autres joueurs : « J'annule Ernie Els. On va dîner toi et moi ! »

Nous sommes donc partis tous les deux, comme cela s'est produit plusieurs fois. Il me faisait tellement de bien dans ces moments délicats. Par son comportement tout en simplicité, par ses mots. Il voulait que l'on soit dans le plaisir, une bière ou un verre de vin à la main… sans modération… Une discussion d'hommes, entre potes…

Jos, l'un de mes trois piliers masculins avec mon père et Benoît Ducoulombier, mon coach historique depuis 2002… Benoît m'a également beaucoup aidé dans cette séquence afin de relever la tête. Il me posait tout un tas de questions pour démêler les nœuds : « Pourquoi tu ne vas pas bien ? Qu'est-ce qui te fait mal quand tu ne vois pas ta fille ? » Dans le dur, j'entendais ses vérités qui faisaient du bien.

En fait, je m'appuyais aussi sur l'expérience de gens qui avaient traversé l'épreuve du divorce. Comment s'en étaient-ils sortis ? Cela ressemblait à ce que je vivais... Les autres ne pouvaient pas savoir, pas comprendre.

2009, golfiquement parlant, ressembla à une longue traversée du désert. Quand je passais les cuts, je terminais loin dans les classements. Je pouvais jouer un ou deux bons tours mais de là à enchaîner quatre tours réguliers... Le bout du monde. Je n'affichais aucune constance, aucune endurance. Me concentrer sur de petites périodes, guère plus. Quelques perfs sympas : un 68 ou 69, mais toujours suivi d'une journée en 78 ou plus... Dès que les mauvais coups commençaient à sortir, j'étais incapable de stopper l'hémorragie. Seule véritable éclaircie, une troisième place à Gleneagles, là où j'avais gagné un an plus tôt. Le climat écossais me réussissait plutôt bien.

Mais globalement, je cultivais la médiocrité, avec un mauvais fonds de jeu... Et sur la durée, les moments « *down* » finissaient toujours par ressortir à un moment où un autre. Mais semaine après semaine, sans que je m'en aperçoive très bien, cette dynamique de l'échec a fini par disparaître. Pour en finir avec cette douloureuse séquence de vie, s'il y a bien un moment charnière à retenir, il se situa lors du tournoi de Celtic Manor, au Pays de Galles, lors d'une discussion totalement inattendue avec l'une de mes idoles, Jean Van de Velde, un homme qui m'impressionnait par son charisme et sa carrière.

Ce matin-là, je jouais tôt avec un départ à 9 h 30... Réveil morose à 7 heures, échauffement poussif avant un copieux petit déjeuner à base d'œufs et de céréales. Dans la salle du *players lounge*, je me sentais vraiment patraque, déprimé... La mâchoire serrée, je ne souhaitais parler à personne, j'ingurgitais de petites bouchées qui avaient du mal à passer. Mais un petit Français arriva comme une fleur et de façon assez spontanée s'installa à ma table. Jean Van de Velde jouait à 10 h 40. Son « comment ça va ? » résonna bizarrement à mes oreilles. Je ne me souviens plus très bien ce que j'ai bien pu lui répondre. Toujours est-il que j'ai craqué au moment où il posait son plateau. Et lui, bienveillant au possible, a posé sa main sur mon épaule. Et comme cela ne suffisait pas, il m'a serré contre lui. Ses mots d'une grande douceur m'ont apaisé. Lui aussi était passé par des moments délicats dans sa carrière. « C'est dur mais ça va aller. À un moment donné, tu vas sortir de ta mauvaise passe. Va jouer ta partie. Si tu dois te battre pour un 76, fais-le mais ça ira... » Un discours apaisant, rassurant, sans aucune condescendance, avec sa manière de penser, de voir les choses... Comme un père qui parle à son fils alors qu'il avait seulement dix ans de plus que moi. Une séquence émotionnelle si inattendue qu'elle m'a donné un gentil coup de boost. Pas de quoi non plus me faire atteindre les sommets du classement. Ce jour-là, j'ai terminé 87e en + 2, pour ensuite louper le cut le lendemain.

Heureusement que dans cette mauvaise passe, mes potes golfeurs ont été là pour moi. Cinq joueurs m'ont beaucoup soutenu pendant cette période : Nicolas Colsaerts, Jean-Baptiste Gonnet, José-Filipe Lima, Jean-François Lucquin et Raphaël Jacquelin chez qui j'avais passé une semaine au plus bas. Leur présence et leur bienveillance m'ont permis de garder la tête hors de l'eau.

Avec le recul, le plus important dans ma vie a toujours été de trouver un équilibre amical et familial… Et je m'en rends d'autant plus compte aujourd'hui, dans le cadre de ma deuxième vie de famille avec Aude et mes deux autres enfants, Alix et Edgar. Un équilibre indispensable dans ma construction de golfeur, mais qui n'a malheureusement pas été toujours au rendez-vous.

Bref, pendant un an, ma vie privée est venue me jouer de sales tours dans la tête, mais aussi golfiquement. De Gleneagles 2008 à 2009, son célèbre parcours de Ryder Cup, étape fondatrice dans ma reconstruction en tant qu'homme et de joueur, cette période aura constitué un nouveau départ dans ma vie, avec dix mois plus tard, le plus grand moment de ma carrière à Pebble Beach.

Et j'ai eu l'impression de renaître de mes cendres, avec en point d'orgue la rencontre avec Aude, ma future femme, lors d'un tournoi en Espagne. Elle avait eu la bonne idée d'accompagner une amie venue soutenir le joueur français Julien Quesne. Faut-il croire au destin tant sportivement que personnellement ? Ou comment apercevoir un joli coin de ciel bleu alors que le bout du tunnel se faisait attendre.

En 2011, en arrivant sur le dernier tournoi de l'année à Hong Kong, je sortais d'une semaine de vacances à Phuket avec Aude. Je n'étais pas encore qualifié pour la finale de Dubaï qui devait réunir les soixante meilleurs joueurs de l'année sur le Tour européen… Je n'avais pas touché un club de la semaine en Thaïlande, et malgré tout, à Hong Kong, je me suis retrouvé le dimanche en avant-dernière partie avec Rory McIlroy. La gagne s'est jouée au 18 où il a rentré une magnifique sortie de bunker pour finir deux points devant moi. À Hong Kong, je n'avais pas connu la même réussite que Jean-François Lucquin, vainqueur de ce même Rory McIlroy à Crans-sur-Sierre en 2008… Cependant, grâce à ma carte de 65 du dimanche et ma deuxième place finale, j'ai validé mon ticket pour la « Race to Dubaï ».

Après un lundi de voyage, je me suis retrouvé dans le Golfe pour l'apothéose du Tour européen. Tout content, j'y ai retrouvé mon préparateur mental, Jos Vanstiphout. Au practice, je lui ai avoué être satisfait de mon niveau de jeu. J'étais fier de mon résultat dans l'enclave chinoise, même si je n'étais pas reparti avec le trophée dans mes bagages. Pendant que nous discutions, j'ai visé un panneau qui indiquait les 100 mètres. Après plusieurs tentatives infructueuses, Jos m'a lâché tout à trac : « Bon, écoute, Greg, je pense que toi et moi, on va arrêter de bosser ensemble ! »

Je suis resté inerte quelques secondes, pensant à une bonne blague belge, et lui de renchérir : « Ça me fatigue d'entendre que tu es satisfait d'une deuxième place ! Ça me fatigue de me rendre compte que tu n'avais pas vraiment envie de le gagner ce tournoi ! Ça me fatigue de voir à quel point tu mets Rory sur un piédestal alors que tu es tout à fait capable de rivaliser avec lui et les meilleurs joueurs du monde. C'est le boulot que l'on a mis en place depuis trois ans, et je vois que mon message ne passe pas. Regarde, ça fait un quart d'heure que l'on parle. Ce panneau des 100 mètres, tu ne l'as pas touché une seule fois et ça ne te dérange pas. Tu n'es même pas vexé et moi je n'ai pas de temps à perdre avec un joueur ayant moins d'ambitions que je n'en ai pour lui. »

Il parlait fort sur le practice, les joueurs à côté entendaient tout. Cela me mit terriblement mal à l'aise. Et il m'a laissé tomber là, comme une vieille chaussette en tournant le dos et en lâchant : « Bon bah j'y vais… »

J'ai gambergé toute la journée avant de l'appeler le soir, penaud. J'ai défendu ma cause tant bien que mal. Je lui ai dit que c'était ma nature d'être comme ça. Notre discussion a été franche. Bien sûr que j'étais prêt à entendre son discours. Il m'avait fait l'effet d'un électrochoc mais je le comprenais. Son rôle oscillait entre le père de substitution, le professeur d'école sévère, prompt à me recadrer au besoin. J'en avais besoin, surtout de la part d'un homme toujours présent dans les coups durs, dans mon divorce ou au moment du décès de mon père, intervenu six mois plus tôt. Et bien entendu, nous ne nous sommes pas séparés. Jos m'avait juste fait subir une séance d'électrochocs à même de me remettre gentiment en question.

J'ai commencé à comprendre la gravité de l'état de mon père quand il a renoncé à faire le voyage jusqu'à Augusta pour le Masters, alors que c'était son rêve. Ma mère est restée avec lui. Leur absence m'a beaucoup pesé durant toute cette semaine américaine. Des 4 Majeurs, c'était un tournoi à l'ambiance bon enfant et familiale.

Papa a subi une intervention chirurgicale assez lourde en mai 2011. Il est tombé dans le coma, car l'opération du cœur, qui avait peu de chances de réussir, ne s'est pas assez bien passée. Après quelques jours, il est décédé. À ce moment-là, je jouais le tournoi de Celtic Manor. Le matin du deuxième tour, mon frère aîné Hugues m'a appelé pour m'annoncer la triste nouvelle. J'ai abandonné l'épreuve sur-le-champ pour me rendre à Paris aux côtés de ma famille et assister aux cérémonies en son honneur.

Nous avons dispersé ses cendres sous un arbre sur le golf de Gujan-Mestras, pas très loin d'Arcachon. C'est dans une maison avec vue sur le parcours que mes parents avaient élu domicile depuis quelques années.

Comment réussir à faire le deuil tout en restant performant ? Difficile question à laquelle de nombreux sportifs de haut niveau ont été confrontés. Accepter d'avoir l'esprit accaparé et ne pas mettre la barre trop haut dans son sport. Se concentrer sur l'essentiel : avec mes frères, entourer notre mère… Moi le petit dernier de la fratrie, champion de golf dont il était si fier. Nous qui avions un lien si particulier autour de notre passion commune.

Hasard de la vie, nous étions nés tous les deux un 25 novembre. Depuis sa disparition, mes anniversaires ont toujours eu un goût amer pour la famille. Nous pensons tous terriblement à lui. Difficile de faire la fête.

Et le malheur frappa de nouveau à ma porte, un an après, avec la disparition brutale de Jos, décédé des suites d'un accident domestique, une stupide chute d'échelle au moment d'accrocher les guirlandes de Noël. Il sombra dans le coma pendant quelques mois avant de se réveiller et de se remettre partiellement. Il put ainsi rentrer chez lui où il s'éteignit à la suite d'une crise cardiaque. Encore une fois, la fratrie des golfeurs français sur le Tour me témoigna un soutien indéfectible : Raphaël Jacquelin, Jean-François Lucquin, Jean-Baptiste Gonnet, Thomas Levet,

Jean-François Remesy et le plus français des joueurs portugais José-Filipe Lima.

Je souhaite ici leur rendre hommage, eux qui ont tous fait partie de ma grande aventure de joueur professionnel.

Thomas Levet, c'est l'un des plus grands palmarès du golf français : six tournois gagnés, une deuxième place au British Open 2004, battu seulement en play-off par Ernie Els, et vainqueur de la Ryder Cup. Nous adorions tous être aux côtés de Thomas, la joie de vivre, la bonne humeur réincarnée. Sa simple présence était à même de me redonner le sourire même après avoir mal joué. Nous le soupçonnions tous d'en rajouter dans ses anecdotes plus extravagantes les unes que les autres. Et qu'importe, l'humour était toujours au rendez-vous. Quand Thomas commençait, on se demandait ce qu'il allait bien pouvoir encore nous sortir… Et son « je te jure » ne trompait plus grand monde.

Quant au joueur, il m'inspire le plus grand respect : techniquement, il disposait d'une capacité folle à répéter les bons coups. Mentalement, il se sentait capable de gagner n'importe quel tournoi et de battre le record du parcours à chaque départ du 1. Cette culture de la gagne représentait certainement sa plus grande force, une qualité dont on ne peut se passer si on a de grandes ambitions dans ce sport.

Au début des années 2010, j'ai vu arriver les deux nouveaux phénomènes du golf tricolore : Alexander Lévy et

Victor Dubuisson. Les deux hommes, extrêmement talentueux, ont apporté un vent de fraîcheur, et leurs performances n'ont pas tardé à arriver. Alexander se montrait toujours très offensif, à l'image de la nouvelle garde. Quant à Victor, il avait une frappe de balle hors du commun et dégageait quelque chose de très singulier. Quand je le voyais sur un practice, je pouvais rester un quart d'heure à l'admirer expédier des missiles avec une aisance déconcertante. Et ces deux joueurs jouaient étonnamment bien sous la pression, pour leur jeune âge.

Victor a toujours eu cette étiquette qui lui colle à la peau, celle d'un homme ayant tendance à éviter les conflits, mais qui les provoque avec sa manière d'être. Depuis ses débuts, il fut l'objet d'une attention particulière, aussi bien sur ses performances que sa personnalité. Son image froide et sèche et sa manière de se protéger l'ont souvent desservi. Je n'en ai jamais franchement parlé avec lui. Pour bien le connaître et l'apprécier, cela ne correspond pas à ce qu'il est dans le privé, quelqu'un de très agréable avec qui je me suis souvent lancé dans de longues et intéressantes discussions.

Le clan français sur le Tour a toujours été pour moi d'un grand réconfort. Je me suis rarement senti seul dans mon nomadisme de compétiteur. Pendant 22 ans, les Frenchys ont représenté une deuxième famille pour moi, une source d'équilibre. Et pourtant, j'ai vu quelques générations se succéder : de Remesy-Van de Velde à Langasque-

Pavon-Rozner et Perez, en passant par Gonnet, Lima, Quesne… Les plus anciens m'ont chaleureusement accueilli, et je me suis tout de suite senti en connexion avec les plus jeunes. Pavon, Hébert et Langasque, je les côtoie en dehors du Tour, alors que j'ai quinze ans de plus qu'eux, mais sans jamais ressentir de barrière générationnelle.

Au début des années 2010, après ma deuxième place à Pebble Beach, j'ai eu l'ambition presque inconsciente de viser plus haut. Je me sentais parfois limité avec Benoît Ducoulombier, mon coach qui m'entraînait depuis neuf ans, frustré d'entendre tout le temps les mêmes discours, j'avais besoin de changement. Avec le recul, je me rends compte que Benoît avait aussi besoin d'air, nos deux dernières saisons communes ayant été très compliquées humainement. Nous étions toujours aussi proches et complices, mais dès que l'on se mettait à travailler, les chicanes et les conflits pointaient leur nez. Certainement ce qu'on appelle l'usure du couple.

Je me suis donc mis en quête d'un nouvel entraîneur. Dans un premier temps, j'ai visé haut en cherchant l'expertise la plus pointue de cadors du métier comme l'Américain Butch Harmon et le Canadien Sean Foley, deux anciens coachs historiques de Tiger Woods. Et je finis par trouver l'homme idéal en la personne de Jamie Gough, un Écossais exilé en Afrique du Sud. Entraînant de très bons joueurs, et notamment Charl Schwartzel, vainqueur du Masters 2011, je suis venu chercher des réponses techniques auprès de lui, que je n'avais pas réussi à soutirer à Benoît Ducoulombier. Et ce qui m'a plu, au-delà des compétences de Jamie, c'est sa présence quasi permanente sur le Tour. Où que j'irais jouer, il serait à mes côtés.

Au final, nous avons collaboré pendant trois ans, avec des résultats similaires à ceux obtenus les années précédentes. Sans relief ni coups d'éclat. En 2014, j'ai perdu en play-off un tournoi en Allemagne face au Suédois Henrik Stenson, à l'Espagnol Rafael Cabrera-Bello et au Paraguayen Fabrizio Zanotti.

Assez vite, Benoît Ducoulombier m'a manqué, autant humainement que golfiquement. Deux de mes piliers, mon père et Jos étant décédés, je ne pouvais pas raisonnablement me passer de lui.

À partir de fin 2015, nous nous sommes retrouvés pour travailler ensemble. À ma plus grande joie, Benoît a accepté d'écrire un nouveau chapitre avec moi. J'avais vraiment l'impression que tous les voyants étaient au vert. Ensemble, nous sommes partis sur un nouveau cycle, avec bien à l'esprit cette réalité que j'avais quarante ans. De nombreux cas de longévité sur le circuit m'incitaient à l'optimisme, notamment l'espagnol Miguel Ángel Jiménez. À cinquante ans, il faisait figure d'exemple à suivre, notamment pour son mental inoxydable. Une anecdote à son sujet m'avait d'ailleurs marqué. Après avoir joué + 1 sur un parcours en Chine, son entraîneur Jamie Gough commença son débriefing : « Bon, Miguel, j'ai vu ton score. Compte tenu de la longueur du parcours et de sa difficulté, on peut considérer que ce n'est pas si mal. » Et contre toute attente, cet anticonformiste qui fumait des cigares sur le parcours, de rentrer dans une colère disproportionnée : « Écoute, moi je suis capable de faire de très bons scores sur n'importe quel parcours du monde ! Ce score est mauvais. Je n'ai aucune limite, alors pensons à travailler ! » Et il jeta un tel froid que la température baissa d'une bonne vingtaine de degrés.

M'inspirer du fantasque Espagnol m'aura permis de conserver ma place aussi longtemps que possible sur le Tour européen, jusqu'en 2018. Une dernière saison à oublier : au lieu de capitaliser sur mes bonnes années et de m'appuyer sur mes points forts, j'avais voulu modifier mon jeu et chercher des évolutions techniques pour transformer mon golf. Un choix désastreux qui m'envoya sur le Challenge Tour, la deuxième division du golf européen. 2018 fut ma pire saison depuis mon arrivée sur le Tour en 2001… J'avais connu 18 années consécutives sur Tour européen, puis ce fut la descente aux enfers, le déclassement.

S'est alors posée une question budgétaire, les gains étant nettement inférieurs sur cette deuxième division, mais ma passion du jeu et mon envie de remonter en première division étaient trop fortes.

Sur le Challenge Tour 2019, j'ai fini à 27e place avec des gains autour de 50 000 euros. Une 27e place sur le Tour européen m'aurait rapporté environ un million d'euros. Un autre monde.

Il est difficile de performer suffisamment pour faire entrer de l'argent pour payer tout un staff, le caddy et les voyages au bout du monde. Une saison coûte entre 100 et 200 000 euros sur le Tour européen. Sur une saison à un million, après avoir payé tous les frais et impôts, il va rester environ 350 000 euros auxquels s'ajouteront des contrats de sponsoring.

J'ai souvent eu des partenaires assez fidèles, et surtout trois que je suis honoré de représenter (Titleist, Ping et Lacoste), des marques qui m'ont toujours traité comme un membre de la famille, dans les bons comme dans les mauvais moments.

Au lendemain de mon US Open 2010, Lacoste avait acheté un encart publicitaire dans le journal *L'Équipe* avec un magnifique slogan : « Le CROCODILE a été plus fort que le TIGRE ! »

La notoriété n'a jamais été un problème pour moi. Ai-je eu un jour à vivre les contraintes de la célébrité ? Il m'est arrivé de me faire arrêter dans la rue ou dans des aéroports.

Par de jolies jeunes filles ? Non, pas vraiment. Plutôt des fans ayant réussi à reconnaître mon crâne dégarni sous ma casquette. Cela a toujours été bon enfant, avec des gens très respectueux : une petite signature, un selfie et un moment de partage très agréable. Pour notre sport, bien moins médiatique que d'autres, cela fait plaisir que des personnes te reconnaissent en dehors du cadre golfique. Après, j'aurais probablement mal vécu une starisation à outrance, à l'image de certains footballeurs.

D'un côté, cela m'arrangeait bien de vivre incognito, mais de l'autre, j'aurais aimé voir le golf un peu plus dans la lumière, comme il peut l'être dans les pays anglo-saxons.

Mon US Open 2010 en fut la plus parfaite illustration : alors que j'étais passé si près de l'exploit, je me suis retrouvé malgré moi relégué assez loin des premières pages du quotidien *L'Équipe*, réservées à Knysna et à la grève des footballeurs de l'équipe de France en Afrique du Sud.

Dans ma carrière, j'ai connu deux ou trois « moments chauds » avec certains journalistes de la presse spécialisée. Des articles qui m'ont parfois déplu, sans pour autant crier à la cabale, des journalistes maladroits ne comprenant pas à quel point on peut être déçu après une mauvaise performance, et nous titillant au mauvais moment. Mais j'ai dans l'ensemble plutôt été épargné par les plumes acerbes.

En revanche, depuis quelques années, moi le quadra qui n'y était pas habitué plus jeune, j'ai découvert l'acidité des critiques sur les réseaux sociaux, et également des commentaires de lecteurs sur les articles de golf. On sombrait souvent dans le lynchage gratuit, dans le manque d'objectivité et les clichés : « Vivement la prochaine compétition pour qu'il fasse n'importe quoi », ai-je pu lire à mon encontre. Ou des poncifs du genre : « Les golfeurs ont la belle vie dans leur palace… Sympa comme vie… Tu vas marcher sur du gazon et tu gagnes des millions »… Et tout cela caché dans l'anonymat d'un pseudo.

Par bonheur, il y avait parfois des commentaires bienveillants et encourageants. Cependant, dans ma fin de carrière, je me suis fait un point d'honneur à ne pas me laisser distraire par les réseaux sociaux.

Après être remonté sur le Tour européen fin 2019 in extremis, grâce à ma deuxième place lors des cartes européennes, sorte de qualification pour le Tour, je vécus une saison 2020 tronquée par le Covid. Ce fut une belle parenthèse, car j'en profitai pour rester en famille à la maison, avec Aude et les enfants. Je savais à quel point c'était difficile pour eux de trouver leur équilibre avec toutes mes absences. Et j'ai tenté de les emmener le plus possible sur les tournois. À tel point que ma femme me caddeyait de temps en temps, comme ce fut le cas à Majorque, en octobre 2021. Je ne sais pas s'il fallait y voir un signe mais dans les Baléares, je ne passai pas le cut. Sûr et certain, elle aura de nouveau sa chance, et pourquoi pas prochainement sur le PGA TOUR Champions (le circuit américain réservé aux plus de 50 ans). Mais je suis encore un peu trop jeune, et ce circuit est extrêmement sélectif. Pas plus de cinq joueurs par an peuvent l'intégrer. J'adorerais en faire partie avec des potes comme Thomas Levet, Raphaël Jacquelin ou Jean-François Remesy.

Mais pour l'heure, ce n'est pas encore d'actualité. Dans quelques semaines, je vais participer en Espagne à un tournoi qualificatif pour réintégrer le Tour européen que j'ai quitté à regret depuis un an, après des résultats insuffisants. À quarante-six ans, je sens que mon potentiel est intact, que je pourrais encore jouer la gagne sur de beaux tournois.

Mais je prépare aussi l'avenir. Depuis janvier 2021, je suis l'entraîneur principal du Golf Club d'Hulencourt en Belgique, près de Waterloo. Six jours par mois, j'y coache petits et grands, débutants comme néo-pros en devenir. C'est un réel bonheur et cela me conforte dans l'idée que transmettre son savoir, son expérience représente certainement l'un des plus beaux métiers du monde.

8
POUR UN GOLF FRANÇAIS ENCORE PLUS FORT

Le golf a malgré lui cette étiquette de sport élitiste, de sport de « vieux »... Mais en France, depuis trente ans, j'ai vu les choses évoluer positivement. S'est créé un bon équilibre entre clubs traditionnels, de membres, et chaînes de golf commerciales (UGOLF) destinées au plus grand nombre, au grand public. Malgré les idées reçues, on peut aujourd'hui pratiquer le golf à des tarifs très raisonnables.

Il est donc temps d'en finir avec les clichés, et comprendre à quel point ce merveilleux sport a toute sa place dans notre pays. Personnellement, quand je vois des golfeurs traverser la rue avec leur chariot à St Andrews, je rêve de l'observer un jour dans l'Hexagone. À l'avenir, quel peut être le meilleur moyen de séduire les plus jeunes, ou ceux qui, naturellement, ne feraient pas le premier pas ? Probablement avec des structures plus petites, proches des centres urbains, plus dynamiques, attrayantes, avec de la musique ou des jeux interactifs, mais aussi des opérations éphémères où le monde du golf va à la rencontre des jeunes là où ils sont : dans des stades de foot où à l'école. D'ailleurs, je milite pour une plus grande place du golf dans le milieu scolaire.

Dans cette optique de modernisation, les femmes ont un rôle primordial à jouer. C'est déjà le cas à très haut niveau en France avec Céline Boutier, aussi brillante sur les parcours que modeste et humaine en dehors... Notre représentante, qui a atteint le meilleur classement d'un Français, hommes et femmes confondus, avec une 14e place mondiale au moment où l'on écrit ces lignes. Derrière Céline, d'autres joueuses comme Céline Herbin, Perrine Delacour ou encore la petite dernière, Pauline Roussin-Bouchard, font les beaux jours du golf féminin français. Et l'on peut penser que l'avenir s'annonce radieux, notamment grâce à Pauline, numéro 1 mondiale amatrice, qui vient de passer professionnelle récemment.

Au-delà de l'indispensable féminisation du golf, force est de constater que les réseaux sociaux et les nouveaux modes de communication apportent un flux d'informations constant que l'on n'avait pas auparavant.

Par exemple, si vous êtes fan de technique, il suffit de s'abonner à des chaînes YouTube de coachs à la mode pour disposer d'axes de travail quasi illimités. Mais attention aux faux bons conseils. On trouve de tout sur les réseaux sociaux. Comme pour tout, mieux vaut vérifier les sources et les pedigrees de tout un chacun.

Mon coach, Benoît Ducoulombier, est le premier à se moquer de moi quand je lui parle de vidéos sur Internet. Et pour cause, il m'est arrivé parfois de m'égarer en essayant d'appliquer les recettes de charlatans de la petite balle blanche.

En fait, aujourd'hui, le golf mondial se trouve sur une pente glissante. Les Saoudiens et leur circuit du LIV Tour (apparu en 2022) déstabilisent l'ordre établi et mettent en danger l'hégémonie du PGA Tour et du DP World Tour (nouveau nom du Tour européen). Riyad a décidé d'investir des centaines de millions de dollars dans le golf, dans une logique de domination totale en recrutant une grande partie des meilleurs golfeurs du monde (Koepka, Johnson, Mickelson, Smith…).

Que cela ne s'inscrive pas dans l'histoire de notre sport est, selon moi, particulièrement regrettable. J'aimerais que tous les acteurs se réunissent autour d'une table pour se rapprocher et trouver une solution, des formats de jeu, des idées de circuit profitant à tout le monde. À terme, cette concurrence américano-saoudienne ne sera pas viable.

Une paix des braves devrait être signée, pour négocier un calendrier annuel qui favorise les intérêts des uns et des autres.

Car derrière cette « Guerre du golf », se joue la crédibilité de la Ryder Cup. Les joueurs ayant rejoint le LIV seront-ils éligibles pour la plus belle des compétitions de golf par équipe ? C'est tout l'enjeu des mois à venir, jusqu'à la prochaine édition de septembre 2023 à Rome.

Et au final, une question me taraude : pourquoi nous a-t-on poussés à aller jouer deux années de suite en Arabie saoudite pour le compte du Tour européen et pour quelles raisons aujourd'hui, la grande cabale anti-saoudienne est-elle lancée ?

D'une polémique à l'autre, cet été, des membres d'un collectif ont saboté deux golfs de l'agglomération toulousaine pour protester contre leur grande consommation d'eau en pleine sécheresse. Greens abîmés, trous bouchés avec du ciment, pancartes sur les parcours : les activistes ont été trop loin. Cela ne se serait jamais produit dans des pays anglo-saxons. Ils oublient que les golfs ont fait d'extraordinaires efforts pour limiter leur consommation d'eau, et du coup réussir à sauver leur parcours et les emplois associés. Dans notre pays où le foot est sacralisé, en revanche, personne ne s'est posé la question de l'arrosage des terrains.

Oui, il faut penser à sauver les golfs et en même temps trouver des systèmes moins consommateurs d'eau, peut-être avec des herbes spéciales et des systèmes de drainage plus modernes.

Les parcours ont pour la plupart été construits il y a trente ans, lors du boom golfique en France. À l'époque les problématiques environnementales n'existaient pas ou peu. Bien évidemment, aujourd'hui, quand un parcours sort de terre, cette problématique devient prioritaire.

Alors, à quoi doit ressembler le parcours du futur ? Depuis toujours, je suis fan des parcours britanniques, notamment Carnoustie et le Royal Melbourne. J'apprécie beaucoup le Old Course de St Andrews. J'ai adoré le voir à la télévision en 2022, lors du British Open, même si les fairways avaient été grillés par le soleil, moins arrosés qu'auparavant et jaunes en surface. Dans l'Hexagone, nous avons la chance de disposer de plusieurs parcours exceptionnels : le Golf National de Saint-Quentin, le Graal où se jouera le tournoi olympique en 2024, Fontainebleau, Chantilly Vineuil sont mes coups de cœur, sans oublier les Bordes, Saint-Nom-la-Bretèche, Hossegor, le Grand Saint-Émilionnais Golf Club et le golf du Médoc.

À côté de ces golfs 5 étoiles existent aussi en France des parcours très agréables qui proposent une offre complète : Bethemont, le Lys Chantilly, le golf de la Prée La Rochelle ou encore mon golf d'enfance de Bussy-Saint-Georges. Quand j'avais vingt-deux ans, j'y ai réalisé un trou en 1, le premier de ma vie, comme un symbole à quelques centaines de mètres de ma maison familiale.

À terme, devant la nouvelle génération de joueurs toujours plus puissante et physique, faut-il rendre les parcours plus difficiles pour les professionnels ? Nous nous sommes récemment rendu compte que les « bombardiers », tels Bryson DeChambeau et Brooks Koepka, prenaient l'avantage sur des joueurs précis.

Je trouve assez injuste qu'un golfeur loupant son drive puisse se retrouver dans une meilleure position qu'une mise en jeu réussie mais plus courte. Loin de moi l'idée de stigmatiser les gros frappeurs, au contraire, le but est de tirer notre sport vers le haut. Cependant, les parcours devraient plus sanctionner les balles égarées. Je mets d'ailleurs au défi n'importe quel « bombardier » de sortir une belle carte au Golf National alors qu'il joue mal.

Et pour les amateurs, mon analyse diffère. Les gens doivent avant tout passer un agréable moment, être fiers de leurs performances, avoir envie de rejouer le lendemain. Et s'ils ont envie de se défier, ils peuvent ensuite aller se confronter à des golfs plus difficiles dans leur région.

En arrivant au terme de mon autobiographie, ou plutôt de ce pèlerinage, je me rends compte du chemin parcouru par le jeune amateur de Bussy devenu pro, de cette vie dont il n'aurait pas osé rêver. Qu'en restera-t-il ? Ma victoire en Sardaigne en 2001 résume finalement assez bien ma carrière : je n'ai pas été assez convaincu du travail sur le long terme, je me suis trop réfugié dans le pansement à court terme, la sensation, le feeling qui fait très bien jouer sur une période donnée.

J'avais envie de me donner plus de mal, de travailler dur mais cette forme d'impatience (propre au golfeur), couplée à un manque de confiance en moi, me bloquera dans la construction de ma carrière. Pendant le travail hivernal où je rentrais un peu plus dans la technique, je perdais mes sensations, mais j'arrivais toujours à trouver le bon pansement. Après, sur le long terme, tout cela m'a coûté, tous ces paliers que je n'ai pas franchis. Et quand je vois le jeune amateur ukrainien, Lev Grinberg, passer le cut à quatorze ans au Soudal 2022 (tournoi belge du DP World Tour), ou certaines perles tricolores, à l'image de Martin Couvra, Tom Vaillant et Oihan Guillamoundeguy lors du dernier Open de France, je me dis que l'avenir de cette jeunesse s'annonce radieux. Un jeu toujours plus décomplexé, des performances encore plus précoces me font croire qu'ils vont prendre le pouvoir. Un gouffre comparé à ma génération où l'âge de maturité se situait entre trente et trente-cinq ans.

S'il y avait dans toutes ces années un coup à retaper, ce serait mon putt pour birdie au 72e trou de l'US Open 2010…

S'il y avait une décision à modifier, ce serait de partir jouer le PGA Tour en 2011…

S'il y avait un coup à ne surtout pas rejouer, ce serait mon putt de 20 mètres au 36e et dernier trou des qualifications pour l'US Open...

Si je devais le refaire, ce serait de partir de nouveau au CREPS de Toulouse, là où tout a commencé...

Si je devais remercier deux personnes, ce seraient Anne et Benoît, plus que des entraîneurs, grâce à qui j'ai écrit ce livre...

Désormais, de nouveaux chemins se présentent à moi. D'une manière ou d'une autre, j'aurai toujours un pied dans la compétition, mais depuis début 2021, en tant que professeur, je prends un immense plaisir à transmettre ma passion dans le merveilleux golf d'Hulencourt, à côté de la célèbre Waterloo, si chère à Bonaparte.

Je ne sais pas quelle trace je laisserai dans l'histoire du golf, mais comme Napoléon, j'aimerais que l'on garde de moi le souvenir de mes victoires !

LETTRE À UN POTE (DE RAPHAËL JACQUELIN)

Greg, ou Grégo, est un peu comme un frère, mon frère du Tour, après plus de vingt ans chacun passés sur le circuit. À vrai dire, on ne se connaissait pas avant qu'il arrive sur le Tour européen, deux ans après moi, mais le feeling est tout de suite passé.

On a eu, toutes ces années, plein de rituels et notamment concernant nos parties de reconnaissance le mardi avec Thomas Levet, Jean-François Lucquin, et Barry Lane (joueur anglais réputé, aux multiples victoires et ayant disputé la Ryder Cup) qui nous ont beaucoup appris. On y jouait des dîners, des bouteilles de rouge, avec toujours un enjeu, mais pas spécialement d'argent.

Dans ma carrière, des joueurs, j'en ai vu passer par centaines, mais Greg restera le plus proche. Sur la caravane du Tour, on parlait de tout, de ses problèmes familiaux, de ses enfants, des miens aussi, dans cette vie atypique de golfeur professionnel. Avec mon « frère de golf », on a un peu eu le même chemin, la même façon de vivre, et pendant son divorce, eu des discussions profondes, comment le vivre... Je ne l'ai pas vu pleurer, je l'ai parfois vu un peu moins bien sur des parties d'entraînement, mais il a toujours su prendre du recul par rapport à sa vie en dehors du jeu. Comme moi, le golf nous permettait de penser à autre chose.

J'ai en mémoire notre semaine de Coupe du monde par équipes en 2007 en Chine, où l'on a terminé troisièmes. On représentait la France, et lors de ces quelques jours passés à deux, il m'a initié au badminton. Face à moi, Greg perdait toujours, que ce soit au tennis ou sur d'autres sports... Et il m'a lancé avec un grand sourire : « Wouah, je suis sûr que tu n'as jamais joué au badminton ! » En fait, c'était toujours moi qui le traînais pour faire du sport. Loin de moi l'idée que Greg ne soit pas un sportif dans l'âme... Oui, il aime le sport mais préfère aussi rester dans son lit, tranquille... On était en Chine à Shenzhen. Au début, il était content de me battre, et puis en fin de semaine, j'ai fini par reprendre le dessus. On jouait au badminton presque tous les soirs pendant le tournoi, notre petit décrassage à nous. On avait passé toute la semaine ensemble, juste tous les deux.

Lors de la reconnaissance sur le parcours de Mission Hills le mardi, on arrive au 18, de l'eau partout sur

240 mètres au départ. Et il me dit : « Celui-là, je te laisserai taper la mise en jeu. Je taperai le premier coup sur les trous impairs. » On joue bien, le dimanche. On est en dernière partie, on joue la victoire. Et on arrive donc au 72e trou, le fameux 18. Il nous fallait un birdie pour partir en play-off, et là, il me regarde : « Ah, j'ai bien fait de choisir les impairs moi. À toi de jouer ! »

J'avais la pression, il ne fallait surtout pas rater à gauche, et j'envoie un super coup de driver avant de lâcher : « Tiens, prends ça salo... » Cela a tourné sur YouTube... En Chine, on avait été très complices sur le jeu et en dehors. On lisait les greens ensemble. Et cela a permis d'élever notre niveau pendant la semaine, quelque chose de très difficile à retrouver seul.

On a partagé tellement de moments, tant de chambres à nos débuts. Greg est très facile à vivre, écoute les gens parler. Et quand on a commencé à avoir de moins bons résultats tous les deux, dans des temps un peu plus faibles, on s'est remonté le moral entre joueurs.

Mais pendant nos belles années, entre 2005 et 2015, on avait aussi notre défi pour se motiver. Celui qui faisait top ten payait sa bouteille en boîte de nuit à Paris. Et il y a eu un paquet de bouteilles...

On est pas mal sortis et cela nous faisait marrer de se voir le dimanche : « Ah, il y a un top ten, on va sortir ce soir boire un coup ! »

Le fait que l'on joue le même style de jeu, les mêmes distances, nous a aussi rapprochés. En fait, entre nous deux, je ne sais quel est le plus fort. Je me suis imposé sur quatre tournois, Greg sur trois mais il en a gagné de plus gros. Après, j'ai fait plus de tops ten, donc j'ai payé plus de bouteilles ! En fait, il n'y a jamais eu de rivalité, mais surtout de la complicité.

Enfin, le moment sur lequel j'aimerais conclure est lié à l'une des plus grandes légendes du jeu.

Lors du Seve Trophy (du nom de Severiano Ballesteros), le multiple vainqueur de Majeurs était notre capitaine dans ce match en mode Ryder Cup entre Europe occidentale et Royaume-Uni.

On arrive sur un par 3. Je tape un fer 4 ou 5 et pose la balle à 4 ou 5 mètres du trou… Et je dis à Greg : « Sois agressif ! » Et devant Ballesteros, que fait-il ? Trou en un ! Devant le maître espagnol !

Il a sorti un coup de fer magique. Ballesteros, que l'on respecte plus que tout, est venu nous sauter dans les bras, nous embrasser, et cela me donne encore des frissons rien que d'y penser aujourd'hui.

LA CARRIÈRE DE GRÉGORY HAVRET VUE PAR SES PROCHES

AUDE HAVRET (femme de Grégory)

J'ai rencontré Greg en 2010. Stéphanie et Julien Quesne (golfeur professionnel français) ont joué les entremetteurs à l'époque en m'invitant l'air de rien à un tournoi à Séville, par un beau week-end de mai... avec une idée bien précise derrière la tête. J'ai l'impression que leur plan a parfaitement fonctionné ! (Rires)

Avec Greg, ça a été un peu comme un coup de foudre... Mais cette vie me faisait peur, moi qui n'avais rien à voir avec le monde du golf, cette vie un peu particulière, ces absences répétées... Je craignais de me perdre en me lançant dans cette histoire... et pourtant le charme a opéré et Greg a su me convaincre. Dix ans plus tard, on peut maintenant dire qu'il avait bien raison d'y croire et d'insister !

Cette vie aux côtés d'un golfeur est vraiment spéciale, atypique.

Il y a d'un côté plein de très bons moments, très forts, le fait de vivre un peu comme des amants qui ne connaissent pas vraiment la routine, de ne jamais rester ensemble à la maison très longtemps, de se retrouver en tournoi aux quatre coins du monde, dans de beaux endroits…

Passer du temps en tournoi sur le Tour européen est vraiment très agréable, c'est comme une vie en parallèle de celle qu'on mène le reste de l'année. On vit avec le staff et les joueurs comme une troupe qui se balade de tournoi en tournoi. Il y a des liens très forts entre les golfeurs, et entre leurs femmes aussi, peu importe les nationalités.

Mais il y a aussi des moments moins sympas à gérer, un job de responsable marketing toute la semaine (en parallèle d'un rôle de coach mentale auprès de mon mari !). Et je m'occupe seule de deux enfants à la maison quand Greg est en tournoi. C'est assez sportif, on va dire qu'il n'y a pas vraiment de temps morts ces semaines-là ! (Rires)

Sinon, vous n'allez pas me croire, mais je ne joue toujours pas au golf ! Je pourrais vous dire que je n'ai pas le temps de m'y mettre, mais pour être honnête, je ne suis pas assez patiente, je suis plutôt du genre à courir. J'ai lâché l'affaire après trois cours l'année dernière. Mais la relève est en cours ! Nos enfants, Alix (dix ans) et Edgar (six ans) ont commencé le golf l'année dernière, ça se passe plutôt bien. En 2022, Alix a d'ailleurs été sélectionnée pour une compétition départementale. Ils étaient tellement contents de suivre Greg en tournoi l'été 2022. Alix s'est même levée à 5 heures du matin pour suivre son papa sur deux tournois au Pays de Galles et à Crans), ça les a boostés pour continuer le golf à la rentrée !

Le golf fait partie intégrante de ma vie et je me souviendrai longtemps du Masters 2011.

Ça faisait quelques mois seulement qu'on vivait ensemble, je ne réalisais pas l'ampleur de ce tournoi avant d'y assister, de remonter la fameuse Magnolia Lane en voiture, de voir ce parcours magnifique et cette foule massée sur tous les trous. C'est un Majeur, mais il commence avec une formule sympa de concours de par 3 le mercredi, dans une ambiance super détendue.

C'est moi qui caddeyais Greg ce jour-là, la première fois que je portais le sac, pas mal pour une première fois ! J'étais tellement impressionnée avec ma combinaison blanche et tout ce monde ! Greg jouait avec Jerry Kelly et Steve Stricker, deux Américains caddeyés par leurs enfants beaucoup plus à l'aise que moi, alors je suis restée collée à eux pour apprendre le job !

Et puis, être femme de joueur offre quelques opportunités inespérées, des souvenirs de groupie ! Certains attendent Tiger Woods ou Rory McIlroy en tournoi, moi j'ai eu le plaisir de rencontrer Hugh Grant au Dunhill Links en Écosse en 2016 ou encore George Clooney l'été 2022 à l'Omega Masters en Suisse, et j'aime le golf dans ces moments-là particulièrement ! (Rires)

MATTHIEU PAVON
(golfeur professionnel français)

Lors de son fameux US Open avec Tiger Woods, j'étais devant ma télé à le voir exceller au plus haut niveau. J'ai vibré. J'étais trop jeune quand Levet et Van de Velde étaient eux aussi passés à ça de gagner en Majeur.

En 2010, Greg est en avant-dernière partie avec Tiger, c'est exceptionnel… Je me souviens même de son trou numéro 1. Au départ, il avait tapé un super bois ou hybride, puis un superbe fer à quelques mètres du trou et était allé chercher le birdie. Incroyable. Le voir performer sous une telle pression, c'est le Graal. Après, pour gagner, il faut un peu de réussite, un birdie qui tombe, un McDowell qui joue un peu moins bien… Vous savez, la différence entre une carte à - 6 et l'autre à - 9 est infime, liée à une part de chance aussi.

BENOÎT DUCOULOMBIER
(son coach historique)

Dominique, le papa de Greg, savait que son fils était très difficile à coacher. « Je ne sais pas comment tu fais pour t'occuper de mon fils », me disait-il parfois, mais c'était lié au fait que Greg est un gros travailleur, perfectionniste.

Il y a eu des séances où je souffrais. Il me sortait des trucs du style : « Quand je vais chez le médecin, il me donne l'ordonnance. Et pour me soigner, je dois prendre ça et ça ! » Et moi, je lui répondais : « Mais je ne suis pas un vétérinaire ! Il faut aussi que toi tu me donnes des billes pour t'aider à progresser ! »

À un moment, il a dû se dire « Techniquement, Benoît n'est pas au point. Je vais aller voir Jamie Gouch (son entraîneur de 2012 à 2015) », mais cela ne lui convenait pas. Je pense qu'il a gardé des blocages de cette période-là encore aujourd'hui dans son démarrage de swing. Mais il fallait qu'il aille voir ailleurs. Et maintenant, il m'écoute, ne discute plus, sans bataille.

Quand il a perdu sa carte sur le Tour européen fin 2018, il a remis son sac sur l'épaule et est allé sur le Challenge Tour la récupérer. Et quand il a gagné le droit de revenir sur le Tour, cela a été un grand moment. Le temps passe, les jeunes tapent fort. Greg n'est pas très puissant. Plus jeune, il était dans la bonne moyenne, mais maintenant dans la moyenne basse face à une nouvelle génération très physique.

Oui, il aurait pu gagner l'US Open 2010. Oui, il y a toujours des regrets, mais au final, dans sa carrière, il n'a quand même pas un petit jeu à la hauteur du reste.

Greg a eu de bonnes périodes de putting au moment du Belly putter. Après, en termes de petit jeu, il a toujours eu des problèmes sur des coups de base au chipping, et c'est assez marrant, mais il a commencé à les améliorer sur sa fin de carrière, au moment où il s'est mis à enseigner.

Le fait d'entraîner lui permet de mieux comprendre sa technique.

Sur le plan humain, c'est quelqu'un de remarquable… Un grand golfeur et humainement respecté, respectable, quelqu'un qui a des valeurs. Mais il peut aussi être une tête de…, difficile à aborder. Il mettra du temps avant de vous donner sa confiance.

PASCAL GRIZOT (président de la Fédération française de golf)

Grégory est authentique, comme un vrai golfeur, il ne triche pas.

Il a des émotions. Quand il est bien, ça se voit et quand il est moins bien également.

Comme joueur, Greg voyage énormément, et moi aussi. Je peux être très pris, mais on est là l'un pour l'autre. Quand on s'appelle, c'est qu'il y a quelque chose nous réunissant autour de notre passion commune du golf.

Pour sa reconversion, on lui a proposé de devenir directeur du centre de performance à Paris (il y a deux centres de performances jeunes en France, l'un au Golf National, l'autre à Terre Blanche), mais il était déjà très implanté à Bordeaux, et ne se voyait pas à plein temps.

Après la Ryder Cup, Greg a aussi été une courroie de transmission auprès des joueurs français et européens. Il avait mon point de vue par rapport aux différents conflits qui pouvaient exister avec le Tour européen. C'est le joueur français qui m'a le plus écouté et avec lequel j'ai beaucoup échangé. Son implication va au-delà du jeu, et il compte vraiment pour moi.

THOMAS LEVET
(golfeur professionnel français)

L'US Open 2010, je le commentais pour Canal+. Au début de sa partie avec Woods, il était un peu tendu, mais c'est normal… Et nous, on y croyait de plus en plus.

Ça avait été fabuleux à voir.

Et comme le dirait Coluche dans son sketch, le Schmilblick, en Majeur, il faut aussi un peu de chance.

Cela aurait pu aller dans son sens. Au moment où il le faut, McDowell rentre son putt. Greg n'a pas fait d'erreurs mais n'a pas pu revenir. Après, voir un Français à ce niveau-là a été exceptionnel.

Toutes les discussions que l'on a eues tous les trois avec Jacquelin… Greg est comme moi, dans le partage. Dans notre groupe de Français pendant seize ans, on s'est entraidés pour ne pas voir les copains galérer, en discutant, à s'entraîner ensemble. Un coup c'était moi qui gagnais, un autre Raph Jacquelin, ça aide beaucoup.

Quand ton partenaire d'entraînement gagne, et que toi tu arrives à le battre dans des parties amicales, là, tu te dis que tu n'es plus très loin.

Je pense que notre génération de Français est celle qui a le plus explosé sur les circuits. On a pas mal de victoires, entre Jacquelin, Havret, Bourdy, moi-même, Dubuisson… Quand le groupe commence à gagner, c'est faisable pour toi, tu t'en rends compte.

Quand une nation a peu de golfeurs capables de s'imposer, c'est plus dur. Nous Français, entre 1998 et 2015, on en a gagné un paquet.

Après, le moment le plus intime de la vie de Greg que j'ai partagé, c'est son lob au padel (rires) !

Un lob meurtrier, alors qu'il n'est pas tennisman à la base… Avec Jacquelin, Lucquin, on était tout le temps morts de rire et ces rigolades nous permettaient de sortir du train-train du golf.

REMERCIEMENTS

Pour Aude et son soutien depuis 10 ans, qui me permet de vivre ma passion et s'occupe merveilleusement bien de notre famille,
À mes enfants, Jeanne, Alix et Edgar, pour qui je suis, et resterai leur numéro 1 mondial de papa pour toujours,
Maman, pour son amour sans limites,
Mes indispensables grands frères,
Papa qui me manque et qui m'a accompagné dans chaque ligne de ce livre,

À Pascal Grizot pour son amitié et son total dévouement en faveur du golf français,
Et mes frères de vie et de golf abondamment cités,
À Michael Jones mon fidèle manager, à mes côtés depuis maintenant bientôt 25 ans,
À Benjamin Añorga, mon coach sportif qui a fait de moi un super athlète,

À Bernard Pascassio, Vincent Paris et le golf du Médoc pour leur accueil et leur bienveillance depuis tant d'années,
À M. Solvay et M. Venneri, propriétaire et directeur du golf d'Hulencourt, pour leur confiance…
Je remercie chaleureusement les équipes de Lacoste, Ping et Titleist, pour leur soutien inébranlable depuis 25 ans,

À mon éditeur, Emmanuel Laureau pour avoir cru en ce projet,
À Antoine Grynbaum pour avoir eu cette bonne idée d'ouvrage et m'avoir aidé à raconter mon histoire.

Imprimé en France par CPI en novembre 2022
Dépôt légal : novembre 2022
N° d'impression : 171093

Talent Éditions est engagé dans le développement durable afin de limiter l'empreinte carbone de la fabrication de ses livres. Soucieux de l'impact environnemental de notre métier, nos ouvrages sont imprimés en France sur du papier certifié issu de plantations gérées de manière éco-responsable. Les livres non-commercialisables sont recyclés et réutilisés pour la fabrication d'autres produits cartonnés.
